Karl Guido Rey
Ich bin alt geworden

Ich bin alt ...

Karl Guido Rey

Ich bin alt geworden

Vom Geheimnis meiner Verwandlungen

Kösel

Copyright © 2009 Kösel-Verlag, München,
in der Verlagsgruppe Random House GmbH
Druck und Bindung: GGP Media GmbH, Pößneck
Umschlag: 2005 Werbung, München
Umschlagmotiv: John Keith, Ian Webb/Fotolia
Autorenfoto: studio fototoni
Printed in Germany
ISBN 978-3-466-36855-6

Weitere Informationen zu diesem Buch und unserem
gesamten lieferbaren Programm finden Sie unter
www.koesel.de

Für
Christa und Peter

Gott nimmt uns das Leben nicht,
er verwandelt es.

Klaus Berger

Inhalt

Ich bin alt geworden
in meinem großen Haus.
Meine Lieben sind ausgezogen,
ihre Seelen mir vorausgeflogen.
Ich höre sie rauschen und rascheln im Wind.
Sie streicheln meine Seele
in einem zarten Hauch,
sie streicheln mich, altes Haus.
Ich bin alt ... –
alt geworden im Fließen der Zeit.

Im Fließen der Zeit
hat das Alter mich heimgesucht
in meinem großen Haus.
Jetzt ist es zu Gast bei mir.
Ich bewirte es leise:
Ich bin alt – und weise.
Ich bin Geheimnis und Waise
im Fluss der Zeit.
Ich streichle behutsam und leise
Seelen auf ihrer Reise –
durch sie hindurch: die Zeit.

Barbara Hollenstein

1 Fünf vor zwölf

Heute fuhr ich wie gewohnt nach Zürich zur Arbeit. Ich wusste, dass das kein gewöhnlicher Tag war. Ich war mit dem Leiter des Kösel-Verlags in Zürich zum Mittagessen verabredet. Er bringe einen Wunsch mit im Gepäck, hatte er mir am Telefon anvertraut. Ich war gespannt, obwohl ich ahnte, was er sich wünschen könnte. Wahrscheinlich ein neues Buch. Allerdings konnte ich mir kein mögliches Thema vorstellen. Zudem hatte ich keine Lust, nochmals ein neues Buch zu schreiben.

Wir hatten vereinbart, uns um zwölf Uhr unter der großen Uhr beim Café Sprüngli am Paradeplatz zu treffen. Ich hatte einen Tisch gleich nebenan im Restaurant Mövenpick reservieren lassen. Im ersten Stock am Fenster. Der Paradeplatz liegt im Zentrum der Stadt. Treffpunkt vieler Menschen, Drehscheibe zahlreicher Straßenbahnen. Ein Ort voll von Leben, der allerdings sein warmes italienisches Ambiente verloren hat, seit man die lebendigen Pflastersteine durch toten Asphalt ersetzte. Als ich am vereinbarten Treffpunkt ankam, zeigte meine Uhr fünf vor zwölf. Die große Uhr über mir war um halb zwölf stehen geblieben. Sie hatte aufgegeben. Was hat das zu bedeuten? Ist sie müde geworden? Ist sie defekt? Hat sie ausgedient? Oder hat sie Angst vor dem nahenden Stundenschlag? Es ist doch fünf vor zwölf.

Wir bestellten ein Risotto mit Pilzen. Dazu einen erlesenen St. Saphorin. Wir unterhielten uns glänzend. Dann und wann schauten wir auf den bewegten Platz unter uns. Menschen stiegen aus und ein, waren in Eile oder genossen entspannt die warme Novembersonne. »Ich bin neugierig auf Ihren mitgebrachten Wunsch«, versuchte ich endlich unser Gespräch auf den Punkt zu bringen: »Möchten Sie mir das Geheimnis nicht verraten?«

»Ein neues Buch.«

»Mit welchem Titel?«

Er zögerte: »Ich bin alt.«

Ein Paukenschlag! Fünf vor zwölf! Ich stellte mir meine Situation ebenso kurz wie prägnant vor Augen. Dann nannte er mir den Termin, den er sich vorstellte.

Ich wusste zwar um die Tatsache meines Alters. Ich hatte sie aber immer wieder verdrängt, indem ich sie schönredete. Ich gaukelte mir vor, jünger zu sein, als ich wirklich bin. Das Risotto blieb mir für Augenblicke im Hals stecken. Ein kräftiger Schluck aus dem Weinglas spülte es hinunter. Ich war schweigsam geworden. Was soll ich da nur schreiben? Von meinen Händen, die manchmal zittern? Von den

Gedächtnislöchern in meinem Kopf? Vom Hörgerät, das der Arzt mir letzte Woche verschrieb? Dass mich die Beine schmerzen und man mir Metallstücke ins Herz einsetzte? Ich sah mich wie in einem Film mit einem Transparent durch die Bahnhofstraße gehen: Ich bin alt. Nach einem Gespräch über die gegenwärtige Politik in der Welt, den Klimawandel und den deutschen Papst verabschiedeten wir uns mit einem herzlichen Händedruck.

Es wurde mir auf dem Weg zu meiner Praxis bewusst, dass mich der Paukenschlag nicht nur erschreckt hatte, sondern mich auch befreite. Er sprengte die Kette der Verdrängungen und öffnete mir einen Weg, mich endlich mit meinem Alter auseinanderzusetzen. Es war mir dabei klar, dass es sich nicht nur um die Auseinandersetzung mit meinem Alter, sondern um die Gesamtschau meines ganzen Lebens handeln konnte. Um die lange Zeit meines Älterwerdens von der Kindheit an bis heute und um die Zukunft, an deren Ende das Sterben wartet und der Tod. Freilich kann der Tod auch eine Erlösung sein. Ruhe nach einer langen und mühsamen Reise.

2 Großvaters Hände

Ich bin Großvater zweier Enkelkinder. Pamina, sie-
benjährig, sehe ich leider sehr selten, weil sie weit
weg von mir bei Hamburg zu Hause ist. Ich muss
mich begnügen, jeden Morgen meinen Kaffee aus
der farbenfrohen Tasse zu trinken, die sie selbst be-
malt und mir bei der letzten Begegnung geschenkt
hat. Mit Michael verbindet mich eine innige
Freundschaft. Wir sehen uns oft. Dauert es etwas
länger, ruft er mich an. Er ist sechs Jahre alt. Ein
dunkler Lockenkopf mit braunen, lebendigen Augen, die mich immer klar, neugierig, erwartungs-
voll und unternehmungslustig anschauen. Er ist
sehr sensibel und überaus temperamentvoll. Wenn
er zornig ist, fliegt er durch die Luft. Wenn er nicht
gerade seine Büchlein meditiert oder mit seinen
kleinen Autos spielt, ist er immer in Bewegung und
auf Entdeckung von Neuem ausgerichtet. Wenn es
ihm zu langweilig wird, übt er den Handstand. Den
Kopfstand beherrscht er bereits perfekt. Er singt
und tanzt zur Musik und führt Selbstgespräche. Er
lebt in einer Märchenwelt und fantasiert eigene
Geschichten. Er beobachtet, schaut, hört zu und
liefert treffende Kommentare. Er ist voller Überra-

schungen und Ideen, voll Liebe und Zärtlichkeit, die er großzügig verschenkt. Er sprüht vor Leben und Spontaneität. Seine Umarmungen sind stürmisch. Mein Optiker lächelt jeweils verständnisvoll, wenn er mir die Brille neu richten muss: »Der Enkel?«

Michael sieht seiner Mami ähnlich und erinnert mich an die Zeit, als sie selbst noch ein Kind war. Er weckt mit seinem Dasein mein eigenes inneres Kind, das unter den vielen Ereignissen meines langen Lebens verschüttet ist. Auf seinem Gesicht leuchtet immer noch das zauberhafte Licht jener Welt, aus der er zu uns gekommen ist. Er ist ein Licht in meinem Alltag. Seit einigen Wochen befasst er sich intensiv mit neuen Bilderbüchern. »Der Wolf und die sieben Geißlein« ist seine Lieblingsgeschichte. Nicht weniger die Wanderung der beiden Jesusfreunde nach Emmaus, Zachäus auf dem Baum oder der Samariter mit dem Ausgeraubten mit den verbundenen Armen am Wegrand. Seine Mami – sie ist alleinerziehend – und ich müssen ihn auf seinen Bilderreisen begleiten. Seine endlosen Fragen über Leben und Tod machen uns manchmal sprachlos, weil sie uns an die Grenzen unseres philosophischen und theologischen Wissens führen. Michael ist ein großes Geschenk in meinen Tagen, und es ist schön, sein Großvater zu sein.

Neulich schaute er mich mitten in meiner Er-
zählung lange schweigend an und fragte mich
schließlich:»Opa, wie sehe ich wohl aus, wenn ich
einmal so alt bin wie du?« Dann streichelte er meine Hände.

3 Das Kamel und die Wüste

Ich denke an einen Traum, den ich kurz nach dem
Tod meiner Frau vor etwa fünfzehn Jahren träumte:
Ich stehe auf dem Paradeplatz und bewundere die
prunkvollen Bauten, die ihn begrenzen. Die UBS-
Bank und Crédit Suisse, das Nobelhotel Savoy, Grie-
der, das renommierte Damenkleidergeschäft, aus
dessen Schaufenstern mir die mit teurem Pelz be-
kleideten Modepuppen zulächeln. Zentrum des
Reichtums und Lebensgenusses. Der Platz ist voller
Menschen. Zu meinem Erstaunen bahnt sich ein
Beduine mit seinem Kamel einen Weg durch die
Menge. Geradewegs auf mich zu. Unglaublich. Er
fordert mich auf, mich auf das Tier zu setzen. Ich
weiß nicht, wie mir geschieht, klettere aber trotz be-
trächtlicher Bedenken mit umständlichen Verren-
kungen zwischen die Höcker. Er bedeutet mir mit
einer Handbewegung, in eine bestimmte Richtung
zu reiten, wo sich vor mir eine Wüste ausbreitet. In
weiter Ferne sehe ich eine hell beleuchtete Stadt auf
einem Berg. Dorthin soll ich reiten, gibt er mir zu
verstehen. Ich zweifle, fähig zu sein, das Ziel zu erreichen. Ich bin ja noch nie auf einem Kamel geritt-
ten. Und der Ort ist unendlich weit entfernt. Den-

noch wage ich es, bahne mir einen Weg durch die Menge und reite der fernen Lichterstadt entgegen.

Beim Erwachen erinnerte ich mich an G. Ritschies Schilderung seines Nahtoderlebnisses: »Ich sah unendlich weit entfernt eine Stadt. Eine strahlende Stadt, hell genug, um über die unvorstellbare Entfernung gesehen zu werden. Der Glanz schien von den Straßen und Mauern auszugehen und von den Wesen, die ich in ihren Bewegungen sehen konnte. In der Tat, die Stadt und alles in ihr schien aus diesem Licht geschaffen zu sein. Ich konnte nur mit Ehrfurcht zum entfernten Schauspiel hinüberschauen und wunderte mich, wie hell jedes Gebäude und jeder Einwohner sein musste, um aus der Entfernung so vieler Lichtjahre gesehen zu werden.«

Ich las in der Offenbarung des Johannes, die Ritchie selbst nicht kannte: »Ein Engel zeigte mir die heilige Stadt Jerusalem. Das Gefüge ihrer Mauer ist aus Jaspisstein, die Stadt selbst ist von lauter Gold, so rein wie Glas. Die Fundamente prangen von Edelgestein. Die Stadt bedarf nicht der Sonne noch des Mondes, dass sie ihr leuchten; denn die Herrlichkeit Gottes leuchtet ... Gott wird jede Träne von ihrem Auge trocknen, und der Tod wird nicht mehr sein, noch Leid, noch Jammer, noch Mühsal ...« (Offb 21,4.9–23). Johannes beschreibt das ewige Jerusalem, das Endziel unseres Lebens, zu dem wir nach mühsamer Wanderung durch das Tor des Todes einmal gelangen werden. Es ist die letzte Strecke, die zu bewältigen mir nun als alt gewordener Mensch unmittelbar bevorsteht.

Das Kamel ist ein Symbol der Ausdauer, des langen Atems, des harten Verzichtes und des genügsamen Wesens. Es ist ein Bild des unentwegten, zähen Vorwärtsgehens. Sei es durch den wilden Sandsturm, die brütende Wüstensonne oder die kalten Nächte unter Sternen. Ich muss die Glimmerwelt des Luxus mit der Wüste tauschen, um zum himmlischen Paradeplatz zu gelangen.

Die Wüste scheint mir zu zeigen, wie schwierig und mühsam der Weg des Alters sein kann. Die lichtvolle Stadt in der Ferne stellt das Ziel dar, das es durch viele Entbehrungen hindurch zu erreichen gilt. Sie weist auf eine spirituelle Wirklichkeit hin, die uns nur in Visionen und Träumen sichtbar werden kann. Zur Zeit meines Traumes vor vielen Jahren musste ich den Weg durch die Wüste der Trauer gehen. An dessen Ende leuchtete mir die neue Heimat meiner verstorbenen Frau auf. Jetzt steht mir die Reise durch die Wüste des Alters bevor. Ein Weg meines eigenen Sterbens. Ob es auch mir das Tor zur Stadt des Lichtes öffnen wird? Wie dankbar bin ich für mein Kamel.

4 Zufällige Entdeckung

Weil ich selbst noch nie in der Wüste war, suchte ich in letzter Zeit nach Menschen, die Wüste erlebten. Ein befreundetes Ehepaar reist jedes Jahr in eine der vielen Wüsteneien dieser Erde. Ich fragte mich schon oft, warum eigentlich. Sie sind wüstensüchtig. Was suchen sie dort immer aufs Neue?

Gestern begann ich mein Elternhaus zu räumen, weil ich es verkaufen will. Ich fing beim Estrich an und pflügte mich mühsam durch alte Schränke und Truhen. Ein Klavier stand ohne Saiten zwischen Pferdegeschirr, Kuhglocken und Heiligenbildern. Dazwischen Schachteln mit Kerzen und Kisten, überfüllt mit Büchern. In einer Ecke entdeckte ich einen alten Kinderwagen mit nur noch drei Rädern. Mein Kinderwagen, mein erstes Zuhause, in dem ich in der Stube hin und her gefahren wurde. Vor achtundsiebzig Jahren! Ganz kurz sah ich mein Kindergesicht im Dämmerlicht auftauchen. Ich schüttelte es ab, weil ich nicht in meiner Vergangenheit versinken wollte, und griff nach den alten Büchern in der Kiste. Romane, fromme Geschichten, Bände über Philosophie und Theologie, Relikte meines

Großonkels, der Priester war. Und dann die große Überraschung: »Die Wüste bestehen«. Geschrieben von einem Mann namens Greshake. Auf dem Buchumschlag wurde er als Professor für Dogmatik und Dogmengeschichte vorgestellt. Mit dem Hinweis, dass er immer wieder die großen Wüsten durchquerte.

Ich begann zu blättern: »Die Wüste ist ein eindringliches Lehrbild der viel tieferen Wüsten, die in jedem Menschen stecken.« Sie sei unser Ausgebranntsein von der Hektik des Alltags und von der Oberflächlichkeit menschlicher Beziehungen. Sie sei das Ausgeliefertsein an uns selbst. Das also ist es, was Menschen nach der Wüste süchtig macht, dass sie sich selbst begegnen, dem Spiegelbild ihres Inneren und dem Sinnbild ihres Weges durch das Leben.

5 Das Janusgesicht

Während ich beginne, den Schatz des gefundenen Buches allmählich auszugraben, ahne ich, was mich auf dem bevorstehenden Weg durch die Wüste erwartet. Ich werde Durst und Hunger leiden. Werde ich die Hitze der brütenden Sonne und des glühenden Bodens ertragen und die Kälte der Nächte? Den Launen der Natur und der Übermacht der uferlosen Landschaft hilflos ausgeliefert, kann ich jegliche Orientierung in ihrer Unendlichkeit verlieren. Ich werde mich über Geröllhalden und Felsengewirr kämpfen müssen. In der abweisenden Öde werden mich Angst und Einsamkeit überfallen. Ich könnte Gefahr laufen, das Ziel aus den Augen zu verlieren, und irgendwo im Sandsturm stecken bleiben. Ich könnte das Trugbild einer Fata Morgana für die Wirklichkeit halten. Andere Gefahren lauern. Angst wird also meine Begleiterin sein. Greshake beschwichtigt seine Leser, die Gefahren seien nicht so groß, wie man meinen könnte. Wilde Tiere gäbe es kaum und Schlangen sei er nur wenigen begegnet. Für mich wäre das freilich bereits zu viel. Springmäuse und Sandflöhe seien lästig, aber harmlos. Bin ich der Wüste gewachsen? Die Wüste ist schrecklich.

Die Wüste ist schön. Sie hat ein Janusgesicht. Die Abende seien ein Farbenspiel ohnegleichen. Vom hellen Blau zum tiefen Rot breite sich eine Farbskala über die riesige Himmelshalbkugel. Das Schauspiel des grell und kühl aufsteigenden Mondes und die Unendlichkeit des klaren Sternenhimmels seien unbeschreiblich. Die Wüste lehre uns, was Unendlichkeit ist und Stille. Das Kleine werde groß und das Große klein. Die Skala der Werte verschiebe sich. Gewohntes werde infrage gestellt und Ungewohntes werde selbstverständlich. Die Wüste sei zwar ausgemergelt und kahl. Aber in die Sanddünen schreibe der Wind die schönsten Bilder. Und wenn es einmal regne, bedecke sich die Öde mit einem Blumenteppich. Und die Oasen! Wer noch nie nach langen Wüstentagen eine Oase erreicht habe, wisse nicht, was Grün ist. Erst im Kontrast der Wüste enthülle sie ihr eigenes Wesen: Leben, Kraft, Anmut, Freude. Und das Wasser! Kühles, lebendiges Wasser, das man in vollen Zügen trinken dürfe.

Mein Weg durch das Alter wird durch die Wüste führen. Das steht fest. Aber es gilt, wie ich jetzt weiß, nicht nur Schreckliches zu bestehen, sondern viel Wunderbares zu erfahren. Aus dem Schrecklichen kann vielleicht sogar Schönes entstehen. Beides wird untrennbar miteinander verbunden sein. Die Angst lässt mich, wer weiß, entdecken, was Geborgenheit ist. Aus Elend wird vielleicht Freude, aus Misslingen

Erfolg, aus Verlust Gewinn. Ich habe einmal den Satz gelesen: Wer die Gunst Gottes will, muss auch die Tränen der Wüste wollen.

6 Ein Geburtstagsbrief

Eine Freundin, die damals schon siebenundsiebzig Jahre alt war, schrieb mir zum siebzigsten Geburtstag einen Brief, an den ich oft denke. Auf ihrem Briefpapier glänzten drei goldene Palmen, die am Wasser einer sonnenbeschienen Oase standen:

Lieber Herr Rey!

Von den Israeliten heißt es, nachdem sie Ägypten verlassen hatten, immer wieder: »Und sie zogen weiter.« Einmal heißt es, sie hätten in der Oase Elim ein Lager aufgeschlagen. Und dann kurz und bündig: Es gab in Elim zwölf Quellen und siebzig Palmen. Das Bild hat es mir angetan, und wenn ich Sie jetzt als eine, die sich darin schon ein wenig auskennt, im Lande der Siebzigjährigen willkommen heiße, möchte ich Ihnen gleich die Oase mit den zwölf Quellen und den siebzig Palmen schicken. Die Deutung der Zahlensymbolik überlasse ich Ihnen. Ich male mir jetzt einfach die Oase aus und stelle mir Sie darin vor ...
Die Oase ist ein guter Ort an einem siebzigsten Geburtstag. Da gibt es Wasser zu trinken, zur Erfrischung und Reinigung. Da ästen sanfte, zutrauliche Tiere, und zartes Grün sprießt aus dem Boden. Im Schatten sehe ich

Menschen sitzen, die sich Geschichten erzählen und einander zuhören. Am Morgen haben sie mit weit ausladenden Gebärden den Tag begrüßt, und in der Dunkelheit werden sie am Feuer das Leben besingen, das tief und schön und schwer und voller Geheimnisse ist. Nachts wächst ihnen unter dem Sternenhimmel die Kraft für den kommenden Tag, die nächste Wegstrecke, zu.

Zwölf Quellen – siebzig Palmen. Ich wünsche Ihnen ein langes Verweilen an diesem Ort. Vielleicht brauchen Sie nicht an allen zwölf Quellen zu sitzen und müssen nicht alle siebzig Palmen besuchen. Die eine oder andere Quelle, die eine oder andere Palme wird Sie besonders einladen und wird dann zu Ihrer heilenden Quelle, Ihrem Schatten spendenden Ruheplatz. Selbst die eine Quelle, die eine Palme steht für die ganze Fülle des Lebens.

Vorausgehend sind Sie durch Wüsten gewandert und haben das Meer durchquert. Sie haben gelitten, gehungert und gedürstet. Hart gearbeitet und Verzicht geleistet. Jetzt dürfen Sie ausatmen und loslassen, sich dehnen und strecken, die Schuhe ausziehen und sich die Füße waschen und salben lassen.

Die Reise ist noch nicht zu Ende. Und niemand weiß, ob sie noch einmal durch unwegsames Gelände führen wird. Doch jetzt ist Rast und Innehalten angesagt, Gast sein am Tisch des Lebens und fröhlich – laut oder leise – versonnen, sich feiern, beschenken und lieben lassen. – Auch über den Geburtstag hinaus, eine weite Strecke ins neue Lebensjahrzehnt.

E. Hess

7 Einsamkeit

Seit meinem siebzigsten Geburtstag sind jetzt acht Jahre vergangen. Die Feierlichkeit ist vorbei. Nach Erfrischung, Ausatmen, Dehnen, Strecken und Loslassen an der Oase der siebzig Palmen und zwölf Quellen bin ich weitergewandert. Oft müde, gefährdet und traurig. Oft wieder an Oasen vorbei, an denen ich ausruhen und meine Füße waschen und salben durfte. Meine Füße waren zwar nicht so sehr in Mitleidenschaft gezogen wie meine Seele und der übrige Körper. Schließlich ritt ich auf meinem Kamel. Aber auch das lange und beschwerliche Reiten kann dann und wann zur Qual werden.

Der Brief meiner Freundin rief mich auf, die Zeit des Augenblicks wahrzunehmen und bewusst zu erleben: den siebzigsten Geburtstag. Ich weiß, dass eigentlich jeder Tag ein Geburtstag ist, der mich auffordert, mir der Gegenwart des Augenblicks bewusst zu sein. Ihr Brief ist nicht weniger ein Aufruf, mich der Vergangenheit zu erinnern und in die Zukunft zu blicken. Immer jedoch vom Standpunkt bewusst erlebter Gegenwart, damit ich nicht versucht bin, mich in Träumereien von Vergangenem oder Künftigem zu verlieren. Ich werde mich deshalb immer wieder in sie zurückrufen, um sie zum Start- und Landeplatz meiner Ausflüge zu machen.

Der Geburtstagsbrief erinnert mich zunächst an die Zeit, in der ich noch kein Kamel zur Verfügung hatte und zu Fuß die Zeit durchschreiten musste. Oft hatte ich jedoch das Gefühl, ich sitze in einem Zug. Es soll ja Züge geben, die mit Dampf durch die Wüsten pusten. Der Zug schien an manchen Stationen anzuhalten. Dann dachte ich, es sei richtig, sitzen zu bleiben. Bald hatte ich das Gefühl, aussteigen oder wenigstens umsteigen zu müssen. Dann dachte ich wieder, es sei doch richtig, sitzen zu bleiben. Es kam öfter vor, dass ich meinte, im falschen Zug zu sitzen. War es überhaupt richtig, auf Gleisen zu fahren? Wir werden ja schließlich nicht auf Rädern, sondern mit Füßen geboren. Deshalb stieg ich dann einmal endgültig aus und ging zu Fuß. Auf einmal wusste ich aber nicht mehr, wohin ich eigentlich gehen wollte oder sollte. Wäre es besser, umzukehren und mich wieder in den Zug zu setzen? Mich der Allgemeinheit und der Zeitströmung anzuvertrauen, um zu tun, was alle anderen tun, und zu leben, wie alle anderen leben? Nein, ich wollte zu Fuß weitergehen. Ich hatte mich doch dazu entschlossen. Ich wollte selbst entscheiden, wohin ich wie gehe. Es gab dann allerdings auf diesem Fußweg Augenblicke, in denen ich dennoch nicht selbst entscheiden konnte, sondern in denen das Leben, die besonderen Umstände oder das Schicksal, oder was immer es war, entschieden und mich sozusagen mit verbundenen Augen in eine Richtung lenkten und mich schließlich gerade dorthin führten, wo ich eigentlich gar nicht hingehen wollte. Die Entscheidung, zu Fuß zu gehen, war ein Wagnis. Spannend und überraschend. Ebenso oft stand ich plötzlich vor Abgründen. Felswände türmten sich vor mir auf. Noch andere Hindernisse brachten mich zur Verzweiflung. Manche konnte ich umgehen. Durch andere wurde ich geheimnisvoll hindurchgeführt.

Wenn ich, mir ganz allein überlassen, keinen Weg fand oder ahnte, dass ich auf den falschen geraten war, spürte ich die Einsamkeit der Lebenswüste. Denn nicht nur das Alter ist eine Wüstenwanderung, sondern das ganze Leben. Meine alte Freundin schrieb mir richtigerweise, dass ich in der Vergangenheit hungerte, Durst litt und Verzicht leistete. Das waren meistens einsame Stunden. Die einsamsten waren die schlimmsten Durst- und Hungerstrecken. Das Gefühl, allein und in gewissen wichtigen Momenten verlassen zu sein, begleitet mich von Kindheit an durch das ganze Leben. Einsamkeit hat zwei Seiten. Sie kann uns lähmen und traurig machen. Sie kann uns, wenn wir sie aushalten, der radikalen Frage gegenüberstellen, wer wir sind und ob wir sogar mehr sind, als wir zu sein meinen. Einsamkeit kann uns den Zugang zur Spiritualität öffnen. Wir wissen um die Wüstenväter und Säulenheiligen, die in ihr Gott suchten und hofften, dass er dort, wo alles schweigt, zu ihnen spricht. Einsamkeit war für mich unerträglich und sinnlos. Und dennoch scheint mir heute im Rückblick, dass sie mich gerade dort, wo sie am unerträglichsten war, überraschend in die richtige Richtung lenkte. Sie war dann ein Ofen, in dem ich wie ein Brot gebacken wurde, oder eine Geburt, die mich in einen neuen Lebensabschnitt hinauswarf.

8 Vereinsamung

Bekanntlich werden wir allein geboren und sind
verurteilt, auch allein zu sterben. Das sind zwei Le-
bensprozesse, die mit unserer einmaligen Identität
zusammenhängen oder Ausdruck unserer Einmaligkeit sind. Person sein macht einsam. Einsamkeit gehört zum Wesen unserer Existenz. Einsamkeit gehört
auch zum Wesen des Alters. Einsam sein bedeutet für
mich sein, mich spüren, für mich Zeit haben, nicht
gefordert sein, auf meine verborgenen Stimmen hören, meine Mitte ergründen. Einsam bin ich still in
mir und höre die Stille um mich. Einmaligkeit macht
einsam.

Ich kann aus der Einsamkeit allerdings einen
Ort der Verlassenheit machen, der mich als Einsamen in einen Vereinsamten umwandelt. Die Versuchung ist groß. Ich habe das Gefühl, dass ich da
oft auf der Grenze beider Möglichkeiten lebe und
die Gefahr beträchtlich ist, von der Einsamkeit den
Abhang hinunter in die Depression abzurutschen.
Ich kann auf den Anhöhen der Dünen die Weite
und Unendlichkeit der Freiheit entdecken oder
mich in ihrem Sand vergraben. Einsame reifen, Vereinsamte verkümmern. Vereinsamte, habe ich ir-

gendwo gelesen, gleichen einem ausgemergelten und aufgerissenen Wüstenboden, der nach Wasser schreit. So will ich aber keinesfalls leben. Ich habe bei Abeln und Kner, »Such dir einen Einsamen«, gelesen, Vereinsamung sei nicht gemeisterte Einsamkeit, die in ihrer Entartung zu einem inneren Leiden verkommen sei. Einsame lassen sich los und gewinnen alles; Vereinsamte halten an sich fest und verlieren alles.

Was mache ich nur aus meiner Einsamkeit, wenn ich manchmal einfach dasitze und mich für nichts entscheiden kann? Wenn ich abends nicht ins Bett gehe, weil ich mich dort allein fühle? Vielleicht will ich vom Schlaf nichts wissen, weil er der Bruder des Todes ist. Wie ist es möglich, dass ich trotz besseren Wissens esse und trinke, um mich zu trösten, statt mich meinen inneren Problemen zu stellen? Mich bei Einladungen als unabkömmlich erkläre, Besucher nicht empfangen will, weil ich mich nicht aus der Isolation befreien lassen möchte? Da gibt es doch in der Bibel das Beispiel des Kranken vom Teich von Betesda. Schon 38 Jahre lang krank. Er versuchte immer wieder in den Teich zu gelangen, der offenbar heilende Wirkung hatte. Jesus fragte ihn, ob er gesund werden wollte. Er antwortete: Ich habe keinen Menschen, der mich, sobald das Wasser aufwallt, in den Teich trägt.

Ich habe keinen Menschen. Ich habe mich während vieler Jahrzehnte bemüht, nein, ich musste mich nicht bemühen, es war mein innerstes Anliegen, Menschen, die keinen Menschen hatten, der sie ins Bad trug, ein Mensch zu sein. Und jetzt habe ich selbst keinen Menschen. Habe ich wirklich keinen oder will ich aus Trotz gegenüber meinem Alter keinen haben? Oder weil ich mich als Alten von der Gesellschaft ausgeschlossen, nicht mehr ernst genommen und gebraucht, mich als solcher nicht mehr zugehörig und überall fehl am Platz fühle? Wenn ich so überlege, wird mir auf einmal der wichtigste Grund meines Verhaltens ganz klar: Ich bin zwar als alter Mensch immer noch geachtet und beachtet, aber ich bin nicht geliebt. Stimmt das wirklich? Nicht geliebt zu werden, macht nämlich einsam. Nicht geliebt zu werden, birgt die größte Gefahr zu vereinsamen. Keine Liebe zu erfahren, stellt eine gefährliche Versuchung dar, sich zu isolieren.

Manchmal denke ich, dass es für mich erträglicher wäre, die Intensität der Liebe nie erlebt zu haben und nichts davon zu wissen. Ihr Nichtvorhandensein könnte mir dann nicht zur Versuchung werden, mich in der Sehnsucht nach ihr zu verzehren und dabei zu vereinsamen. Bei der Vorstellung, was meinem Leben dadurch fehlte, verspüre ich anderseits oft Dankbarkeit für die verlorene Liebe und kann mich der drohenden Gefahr entziehen. Es gilt, wach zu bleiben, um gewonnenes Grünland nicht wieder zur Wüste werden und die Oasen austrocknen zu lassen. Schließlich darf ich nicht vergessen, dass ich ein Kamel geschenkt bekam, das mich trägt, wenn ich müde bin, mich sicher führt, wenn ich zu Fuß neben ihm hergehe. Es gibt mir Wärme in der Nacht und Sicherheit am Tag. Ich kann ihm vertrauen. Es kennt den richtigen Weg. Ist es vielleicht ein versteckter Engel?

9 Frühling in der
Zürcher Altstadt

Ein Fernsehfilm hatte gestern Abend Erinnerungen an sie geweckt. Eine Prinzessin liebte einen Prinzen, verliebt sich jedoch in einen Gärtner ihres Schlosses. Sie zeigte ihre Verliebtheit nie, weil sie keine Chance sah, sie zu verwirklichen, und litt dabei große Schmerzen.

Es war ein warmer Frühlingstag. Ein Patient hatte sich unerwartet abgemeldet. Er schenkte mir eine freie Stunde. Ich entschloss mich, an den See spazieren zu gehen. Die wilden Quellwolken spiegelten sich im klaren Wasser. Enten schnatterten und der Park war von blauen Krokussen übersät, die Himmel in die Wiesen zauberten. Dann schlenderte ich durch die Altstadt. In den engen Gassen spielte die Frühlingssonne lustige Schattenspiele. Ich schaute mir die vielen Schaufenster an: Kinderkleider, Bücher, Herrenmode, Spielzeuge, Uhren, Schmuck. In einem Schaufenster sah ich Bettzeug ausgestellt. Die Gelegenheit, mir endlich ein neues Bett zu kaufen.
Das Geschäft schien menschenleer zu sein, bis aus einem Nebenraum eine junge Frau erschien: Blondes

schulterlanges Haar, blaue Augen, groß und schlank mit einem Licht im Gesicht. Sie zeigte mir eine ganze Reihe von Kissen. Große und kleine, weiche und weniger weiche, breite und schmale, und gab den entsprechenden Kommentar dazu. Ihr Lächeln war bezaubernd und ihre Augen leuchteten wie die Krokuswiese am See. Sie erinnerte mich sogleich an meine verstorbene Frau, als ich sie vor vielen Jahren kennenlernte. Sie verwickelte mich in ein lustiges Gespräch über den Schlaf, gute Betten und schöne Träume. Sie lese ein spannendes Buch über Träume. Meine Bemerkungen zum Thema überraschten sie: »Sind Sie Psychologe?« Sie hätte ein noch viel spannenderes Buch gelesen über Parapsychologie. Sie werde es mir schicken, wenn es mich interessiere. Die Begegnung mit dieser jungen Frau verwirrte mich. Ihr Blick, der warme Händedruck. Die Sympathie, die mir da entgegenstrahlte. Was soll das, dachte ich auf dem Rückweg zu meiner Praxis. Ich bin ein alter Mann! Und diese junge Frau?

Am nächsten Tag lag das parapsychologische Buch im Briefkasten. Nach einer Woche rief sie mich an und bat mich um einige Gespräche, um Probleme zu besprechen, die sie lösen möchte. Wir vereinbarten einen Termin. Ich hatte Herzklopfen. Aus dem Gespräch wurde eine längere Therapie. Es war wohl die schwierigste meiner therapeutischen Begegnungen, weil ich mir die notwendige berufliche Zurückhaltung immer neu hart erkämpfen musste. Als sie den Wunsch äußerte, mit mir eine Kunstausstellung im Wallis zu besuchen, eine Tagesreise, lehnte ich mit dem Hinweis ab, dass es mir verwehrt sei, sie während der Dauer unserer Arbeit außerhalb meiner Praxis zu treffen. Nach einem Jahr schlossen wir unsere Gespräche ab. Sie wollte mich jedoch dann und wann im Café treffen, was ich trotz der Gefährlichkeit, dass meine Gefühle entgleisen könnten, nicht verweigerte. Ich vermochte jedoch auch in dieser Zeit meine Distanz aufrechtzuerhalten. Dies umso mehr, weil sie mit einem jungen Mann befreundet war, den sie heiraten wollte. Als ich eine Ferienwoche im Tessin verbrachte, wollte ich ihren Wunsch, einen Tag mit mir zu verbringen, erfüllen und lud sie ein, mich zu besuchen. Ich wagte es, weil seit unserer gemeinsamen Arbeit bereits drei Jahre vergangen waren.

10 Herbst in Lugano

Ich holte sie am Bahnhof Lugano ab. Ihr Haar flatterte im Wind. Mit langen Schritten kam sie freudestrahlend auf mich zu. Wir küssten uns auf die Wange. Gespannt, wussten wir doch nicht, was uns der Tag bringen würde. Wir stiegen die Treppe an den alten Tessiner Häusern vorbei zur Piazza Grande hinunter, plauderten und erzählten uns unsere alltäglichen kleinen Geschichten. Es war ein sonniger Herbstmorgen. Rote und gelbe Kastanienblätter tanzten im sanften Nordwind um unsere Köpfe. Die nahen Berge und Hügel zeichneten ihre Konturen in den blauen Dunst.

Als wir uns im Café gegenübersaßen, wurde sie ganz still. Ich war tief betroffen, als ich sah, wie auf einmal dicke Tränen über ihre Wangen kullerten. Ich suchte vergebens nach meinen Papiertaschentüchern, um das Elend zärtlich wegzutrocknen. Sie kam mir zuvor. Die erste verpasste Gelegenheit, sie zu berühren. Hätte ich es doch gleich mit bloßer Hand getan. Es gibt so entscheidende Augenblicke verpasster und zugleich unvergesslicher Momente, die nie wiederkommen, weil man vielleicht zu lange nachdachte, statt zu handeln. Ich frage sie auch nicht, warum sie weinte. Unverzeihlich! Warum weinte sie? Ich glaube es jetzt zu wissen. Sie liebte mich. Aber sie sah keine Möglichkeit, diese Liebe zu leben. Sie hinderte sich daran, sie mir zu zeigen. Und jetzt zeigten es mir ihre Tränen, und ich war unfähig, darauf zu antworten. Warum? Es war mein Verantwortungsgefühl, sie nicht an mich alten Mann zu binden. Mit mir hätte sie keine Zukunft gehabt. Sie hatte ja einen Freund. Ich wollte und durfte nicht dazwischentreten. Ich musste sie loslassen und mich zurückziehen. Erlag ich da einer Einbildung? Nein. Ich erinnere mich eines kurzen Briefes, den sie mir nach der Vernissage meines letzten Buches geschrieben hatte: »Während Ihrer Lesung fühlte ich auf einmal, wie ein Strom von Wärme durch meinen ganzen Körper floss.« Wie sollte ich diesen Satz anders interpretieren? Hatte ich einen therapeutischen Kunstfehler gemacht, indem ich unsere Übertragungssituation zu wenig zur Sprache brachte? Ich hatte es jedoch mehrmals vergeblich versucht. Sie wich dem Thema hartnäckig aus.

Wir überbrückten auch diesmal die schwierige Situation wortlos und verbrachten dann den Tag auf raschelnden Waldwegen in den Kastanienwäldern und bei einem unterhaltsamen Mittagessen. Als wir auf den Autobus warteten, der uns nach Lugano zurückbringen sollte, versuchte sie mir nochmals eine Brücke zu bauen: »Ist es möglich in einer Therapie, dass sich Therapeut und Patientin ineinander verlieben können?« Ich: »Ja, das ist möglich, das nennt man in der Fachsprache Übertragung, eine Liebe, die man nur besprechen, aber nicht leben darf«, versachlichte ich das Thema umgehend. Wir stiegen in den Autobus. Die lange Fahrt war wortkarg. Wir vergewisserten uns am Bahnhof, dass der Zug wirklich erst in einer Stunde nach Zürich zurückfuhr, weil wir vereinbart hatten, die verbleibende Zeit noch am See zu verbringen. »Da fährt einer genau eine Stunde vorher!«, rief sie aus. »Da steht er schon!« Dann rannte sie wie wild die Stiege hinunter auf den Bahnsteig und verschwand ohne Gruß und Händedruck im nächsten Wagen. Als der Zug sich gleich in Bewegung setzte, suchte ich hinter einem der vielen Fenster ihre winkende Hand. Aber es gab sie nicht. Ich blieb wie angewurzelt stehen, bis der letzte Wagen im Tunnel verschwunden war. Der Abschied schmerzte mich. Ich wusste, dass er endgültig war. Es überwog schließlich die Genugtuung darüber, dass dieser Tag, was die Therapie nicht vermocht hatte, Alexandra ermöglichte, sich von mir zu trennen und den eigenen Weg zu gehen. Mir gelang es ebenso, sie loszulassen und so unser beider Verantwortung nachzukommen.

Warum erzähle ich eigentlich diese Geschichte? Weil sie für mich wichtig ist. Und weil es mir diese liebenswerte junge Frau, was ich nie geglaubt hätte, in meinem Alter ermöglichte, nochmals die wunderbare Ahnung erotischer Liebe erleben zu dürfen. Auch wenn ihr innerhalb unser beider Verantwortung, von der wir uns schützen ließen, ein enger und doch so weiter Rahmen gesteckt war. Alexandras Bild wird in mir als unvergessliche Erinnerung weiterleben, verbunden mit der Hoffnung, dass sie glücklich ist.

11 Trauer

Ich lebe seit dem Tod meiner Frau vor sechzehn Jahren allein in meinem großen Haus. Man fragt mich immer wieder, wie ich das nur aushalte und ob es denn nicht besser für mich wäre, eine neue Beziehung einzugehen, als so isoliert ohne Liebe zu leben. Man denkt dann oder fügt gleich hinzu, dass ich mich doch endlich von meiner toten Frau lösen sollte. »Erstens braucht es zu einer Beziehung immer zwei«, antworte ich dann und: »Ich lebe in einer kleinen Wohngemeinschaft.« »Wirklich? Das haben wir nicht gewusst.« »Mit meinem Hund und meiner Katze.« Meistens folgt dann ein verständnisloses oder betroffenes Lächeln, was mich eher amüsiert als beleidigt.

Die Trauer ist ein seltsames und vielschichtiges Phänomen. Wie intensiv und wie langwierig sie ist, hängt von vielerlei Faktoren ab: Von der Biografie Trauernder. Von den unverarbeiteten Frustrationen und nie geheilten Wunden. Von ihrer Sensibilität, ihrer Persönlichkeitsstruktur, von der Tiefe ihrer Beziehung zum verlorenen Menschen. Dies alles und noch viel mehr bestimmt die Fähigkeit, ihn loszulassen. Ein Psychiater rügte mich nach einem öffentlichen Interview über meine Trauer, dass diese doch wohl übertrieben sei. Und dass er persönlich, als sein Bruder vor zwei Jahren verstorben war, am Grab fünf Minuten geweint hätte und damit seine Trauer auch schon zu Ende gewesen sei. Über die Normalität der Trauer, das heißt, wo sie anfängt und wo sie aufhört, lässt sich streiten. Jede Trauer ist eine andere, auch wenn sie sich in vielem ähneln. Und es ist wohl auch etwas anderes, den Bruder zu verlieren, zu dem man vielleicht gar nicht so ein inniges Verhältnis hatte, als eine geliebte Partnerin oder einen geliebten Partner. Ich werde mir freilich überlegen müssen, ob sich im Lauf der Zeit Trauer nicht doch unbewusst mit anderen inneren Dunkelheiten in mir verbunden und dadurch diese Intensität gewonnen hat. Ich werde die Kritik jenes Psychiaters in meine Suche nach mir selbst vermehrt einbeziehen.

Über meine Trauer ist seit Annas Tod eine schützende Haut gewachsen. Die Wunde ist vernarbt. Es gibt jedoch Augenblicke, die sie aufreißen. Plötzlich auftauchende Erinnerungen, geweckt durch Orte, gemeinsam gegangene Wege, zusammen erlebte Ereignisse, eine Melodie im Rundfunk, sogar der Kaffeeduft am Frühstückstisch. Manchmal sind es berufliche Gespräche mit Ehepaaren in Schwierigkeiten, die mir die eigene Ehe in Erinnerung rufen: Verhielt ich mich auch so unmöglich gegenüber meiner Frau? Warum war ich da oder dort nicht geduldiger, liebevoller, antwortreicher und gesprächsbereiter? War ich wirklich der gute Ehemann, der gewesen zu sein ich mir einrede? Schuldgefühle fangen an mich zu plagen. Ich bin dann unendlich froh, mich an den Satz aus einem unvergesslichen Brief erinnern zu dürfen, den mir Anna aus der Klinik kurz vor ihrem Tod geschrieben hat: »Es gibt nichts, das ich dir nicht verzeihen könnte.«

Meine Ferien allein zu verbringen, wird oft ein Problem. Ich muss mich überwinden, mein Nest zu verlassen und mich Unbekanntem preiszugeben. Ich gestehe, dass mir das Alleinsein im Alter immer schwerer fällt und die Sehnsucht nach der gemeinsamen Vergangenheit schmerzlicher wird. Sie ist durch nichts und niemanden aufzuwiegen. Ich spüre, dass ich es nicht verhindern kann, dass die Erinnerung an sie sich wie ein roter Faden durch die ganze Auseinandersetzung mit meinem Leben ziehen wird. Es soll sich bitte niemand daran stoßen.

Es ist schwer, allein alt zu werden, auch wenn ich sehr liebe Kinder, reizende Enkelkinder und nur noch wenige, aber gute Freunde habe. Auch wenn es im Alter gehäufter Zeiten gibt, wo ich Gefahr laufe, traurig zu werden, liefere ich mich der Trauer nie oder nur kurz ganz aus. Bei Schuldgefühlen, die sie mir manchmal vorspiegelt, denke ich an die ausgesprochene Verzeihung. Unerfüllbare Sehnsucht vermag ich in Dankbarkeit für das Geschenk unserer Liebe aufzulösen. Dennoch: Ich spüre, dass es Herbst geworden ist in meiner Seele und es nie mehr Frühling werden kann und dass auf ihrem Feld nur mehr violette Herbstzeitlosen wachsen statt leuchtend gelber Krokusse. Der Herbst meines Lebens scheint mich in eine immer schon vorhandene depressive Grundstimmung zu hüllen, der ich widerstehen muss.

12 Freiheit und Schönheit

Es gibt Eheleute, die sich nach dem Tod der Partnerin oder des Partners freier fühlen. Das setzt voraus, dass sie vorher unfrei waren. Ich fühlte mich in unserer Ehe nie eingeengt. Wir gewährten uns gegenseitig alle Freiheit, die wir brauchten. Anna war eine überaus großzügige Frau. Es war zum Beispiel selbstverständlich, dass ich im Winter einmal für eine Woche allein in die Skiferien fuhr. Kam ich einmal später abends nach Hause, gab es keine Fragen, wie ich sie von anderen Ehefrauen zur Genüge kenne: »Wo warst du so lange?« Oder: »War es wirklich notwendig, heute so lange zu arbeiten?« Wenn ich wieder ein Buch schrieb, war notwendigerweise die Zeit für sie und die Kinder knapp. Da gab es keine Diskussionen, weil alle wussten, dass ich wirklich ganz da war, wenn ich da war.

Es gab eine Zeit nach Annas Tod, in der ich mich wie unter einen Zwang stellte, nochmals eine Beziehung einzugehen, weil ich fürchtete, mein Leben, wenn ich älter würde, allein nicht zu schaffen. Manche in meinem Umkreis versuchten mich immer wieder dazu anzutreiben. Je älter ich wurde, umso schwieriger schien es mir, mich nochmals an einen ganz neuen Menschen anpassen zu müssen und ihm gerecht zu werden. Und wenn ich dann endlich eine ganz neue Partnerschaftsentwicklung hinter mir hätte, wäre ich möglicherweise schon uralt, sollte ich nicht schon vorher längst gestorben sein. Ich war auch in Gefahr, nach der erfahrenen und unvergesslichen Beziehung mit meiner Frau, eine neue Beziehung bewusst oder unbewusst immer wieder mit der ersten zu vergleichen, was ich einer Partnerin nicht zumuten wollte. Anna war mir damals ohne mein Zutun als die bestmögliche Frau meines Lebens einfach geschenkt worden.

Es war mir deshalb zuwider, mich auf die mühsame Suche nach einer neuen Partnerin zu machen, um schließlich eine Frau zu wählen, die vielleicht gar nicht zu mir gehörte. Das Erlebnis unserer Partnerschaft und unserer Familie ist und bleibt unwiederholbar. Diese Erkenntnis und diese Erfahrung machen mich frei.

Da ist noch etwas anderes, was mich an einer neuen Beziehung hinderte. Ich bin ein Ästhet. Anna war in meinen Augen innerlich und äußerlich eine ausnehmend schöne Frau. Nicht hübsch, sondern schön. Kurz bevor sie starb, flüsterte ich ihr ins Ohr: »Wie schön du bist!« Sie: »Einmal schön, bringt man nie wieder weg.« Unser letztes gemeinsames Lachen. Sie war in der Tat mit fünfzig noch immer so schön wie in ganz jungen Jahren. Sie hatte ihre Jugend nie verloren. Und wenn ich sie liebte, war sie noch immer die junge Frau, mit der ich einmal zum ersten Mal geschlafen hatte. Ich lernte in den vergangenen Jahren viele ältere oder gleichaltrige Frauen kennen, die gern mit mir eine Beziehung eingegangen wären. Es mag unverschämt und deplatziert erscheinen: Sie waren alle zu alt für mich, weil ich kein Bild von ihrer Jugend in mir hatte. Es war mir dabei stets bewusst, dass ich an sie Ansprüche stellte, die ich ihnen gegenüber in keiner Weise erfüllen konnte. So war ich Ästhet also eher bereit, ein Einsiedler zu werden als mich in ein solches für mich spannungsloses Abenteuer stürzen zu lassen. Übrigens wäre ich gerne zusammen mit meiner Frau alt geworden und bin überzeugt, dass sie mir auch im Alter nie zu alt gewesen wäre.

Mein Bruder hat recht, wenn er mir sagt: »Du lebst wie ein Mönch in deinem Landhaus.« Ein Mönch zu sein ist ja nichts Schlechtes. Oder vielleicht ein Wüstenvater? Auch ein schönes Haus kann im Alter zu einer Wüste werden. Aber wie ich inzwischen weiß, ist die Wüste ja nicht nur schrecklich. Sie ist auch schön. Sie ist der Ort, zu sich selbst zu finden, weiser zu werden, die Frische innerer Quellen zu entdecken und die materielle Welt durchsichtig zu machen zu ihren unsichtbaren Hintergründen.

Ich möchte mich freilich nicht wüstenväterlicher machen, als ich bin. Ich gestehe offen, dass mich schöne Frauen noch immer faszinieren und dass ich zu den Männern gehöre, die sich auf der Bahnhofstraße manchmal überwinden müssen, einer besonderen Schönheit nicht unanständig nachzuschauen. Sie berühren mich innerlich an einem Ort, wo ich noch ganz jung bin. Dort steckt eine Sehnsucht, die allerdings mit der Realität meines Alters unvereinbar ist. Sie ist wie das letzte Aufflackern meines langsam erlöschenden Lebens. Soll ich es flackern lassen oder auslöschen? Soll ich Anna aus meinem Gedächtnis streichen? Ist es falsch, wenn ich sie manchmal um eine Antwort bitte, wenn ich antwortlos bin? Das Alter stellt mir viele Fragen, die ich nicht beantworten kann. Ich las heute in einer Todesanzeige in der Neuen Zürcher Zeitung: »Es gibt eine Zeit, von den Fragen loszulassen und sich fraglos Gott anzuvertrauen, in dessen Händen alle Antworten aufgehoben sind.« Und anderswo las ich: »Es gibt eine Zeit der wortreichen Gespräche und eine Zeit der wortlosen Liebe.«

13 Und dann bist du ein alter Mann geworden

Michael schaute sich heute erstmals Annas Foto an, das in meinem Büro neben dem Bücherregal an der Wand hängt. Er fragte mich:

»Wer ist diese Frau?«

»Das ist deine Oma, Mamas Mutter, meine Frau.«

»Hast du sie denn geheiratet?« (Wir hatten in der vergangenen Woche zusammen an einer Hochzeit teilgenommen.)

»Natürlich. Wir machten ein so schönes Fest miteinander wie Markus und Almut.«

»Und dann?«

»Dann ist sie gestorben und ich war wieder allein.«

Nach längerem Nachdenken:

»Und dann bist du ein alter Mann geworden.«

Diese Fragen und Feststellungen berührten mich. Michael wies mich darauf hin, dass ich nicht nur alt, sondern ein Altgewordener bin. Freilich nicht erst nach dem Tod seiner Oma. Wenngleich damals in der Tat ganz deutlich mein eigentlicher Altersprozess einsetzte. Allerdings bin ich schon früher älter geworden. Bei meiner Zeugung wurde ich der Zeit ausgeliefert. Von da an war mein Leben ein ständiges Loslassen, Abschied nehmen, ein unaufhörliches Sterben. Ich ließ bei der Geburt die Mutter los oder sie mich. Dann nahm ich Abschied von der Kindheit, um ein Mann werden zu können. Schließlich entwickelte ich mich vom Erwachsenenalter in die gegenwärtige Lebensphase hinein, die man manchmal eher abschätzig das Alter nennt. Entwicklung bedeutet sterben, um zu werden. Letztlich werden wir, um zu sterben. Sterben und Werden sind zwei Seiten derselben Medaille. Das eine gibt es nicht ohne das andere. Sterbend und werdend wuchs ich von einer Lebensphase in die andere hinein. Das ist eigentlich eine Binsenwahrheit. Ich muss mir ihrer freilich bewusst sein, um gewahr zu werden, dass ich als Altgewordener Schatz und Hypothek des ganzen Lebens in mir trage.

In seinen Gesprächen mit Mitch Albom drückt es der sterbende alte Morrie so aus: »Ich bin ein Dreijähriger, ich bin ein Fünfjähriger, ich bin ein Siebenunddreißigjähriger, ich bin ein Fünfzigjähriger. Ich habe alle diese Altersstufen durchlebt ... Ich genieße es, ein Kind zu sein. Und ich genieße es, wenn es angemessen ist, ein alter Mann zu sein. Stell dir vor, ich bin in jedem Alter zugleich, einschließlich meines eigenen.« Manchmal vergessen wir, dass wir auch unser Kind in uns tragen, und realisieren nicht, welche Bedeutung ihm selbst im Alter und ganz besonders im Alter zukommt.

14 Das göttliche Kind

Eine alte Frau suchte mich nicht wegen irgendwelcher Störungen auf, sie wollte lediglich mit mir herausfinden, wer sie ist, damit sie weiß, wer gemeint ist, wenn sie, wie sie sich ausdrückte, nach dem Tod bei ihrem Namen gerufen wird. Es war kurz nach Weihnachten. Sie griff während eines Gesprächs auf einmal zögernd in den tiefen Grund ihrer schönen Ledertasche, der sie einen kleinen, in pastellfarbene Tüchlein gehüllten Gegenstand entnahm: das Jesuskind in der Krippe. Als sie am Heiligen Abend vor der Krippe gestanden sei, erzählte sie, hätte sie auf einmal einen unwiderstehlichen Drang verspürt, das Kind aus der Krippe in ihre Hände zu nehmen. Als sie es anfasste und lange still anschaute, wurde sie von seinem Anblick derart ergriffen, dass sie in Tränen ausbrach. »Sie müssen es auch in die Hände nehmen!« Sie kam ganz nah zu mir, um es mir ehrfurchtsvoll zu reichen.

Auch ich war tief betroffen und gerührt. Mir scheint, dass unser beider Erlebnis mit dem Jesuskind etwas mit der Beziehung zu unserem eigenen Kindsein zu tun hatte. Sind wir vielleicht im Kind von Bethlehem unserem eigenen verschütteten in-

57

neren Kind begegnet? Oder hat uns das göttliche Kind so tief berührt, weil wir selbst auf der Suche nach unserem Kind sind? Wir müssen das Gesicht unseres Kindes wiederfinden. Das Staunen und Vertrauen, aber auch die Not und die Ängste in seinen Augen. Die Inschrift unseres Namens in seinen kleinen Händen und den glimmenden Docht des ewigen Funkens in ihm, aus dem wir leben und der uns im Sterben wieder heimholt in unseren Ursprung. Seine Wunden, dass wir sie verbinden und heilen können.

Mein inneres Kind hat etwas Göttliches an sich. Ist es vielleicht der Kern meiner Identität? Könnte damit der Ort gemeint sein, den Viktor Frankl als Grund unseres Seins benennt? Ist das innere Kind ein anderer Name für das Göttliche, das Himmlische in mir, von dem ich komme und zu dem ich zurückkehren werde? Ist es ein Bild für das, was Frankl mit dem unbewussten Gott in mir meint, der gleichbedeutend ist mit dem Sinn des Lebens? Ist da die Quelle, aus der ich schöpfen kann, ohne dass sie je versiegt? Die Kraft, die mich trägt, wenn ich mich selbst nicht mehr ertrage, mich birgt in meiner Heimatlosigkeit? Der Ort der guten Mächte, des Urvertrauens, des inneren Friedens? Die Oase in den Wüsteneien des Altwerdens und Altseins? Der Grund im Abgrund, die Mitte, wenn ich meine Fassung verliere? Was mich trägt, wenn ich mich verloren glaube, was mich hält, wenn mich die Kräfte verlassen?

Wie komme ich zu diesem Innersten in mir? Vielleicht durch die Einsamkeit der Wüste. Ist vielleicht die erlebte Einsamkeit der Wüste der noch unentdeckte Weg zum unbewussten Gott in mir? Ich denke, dass ich nur als Einsamer dorthin gelangen kann. Über die Hügel der Selbsterfahrung. Die Stunden der Stille in der Einsamkeit meiner Wüste sind außer jener der Liebe die einzigen, in denen ich mich in meinem innersten Raum selbst erfahren kann. Meister Eckhart schreibt, dass wir vergeblich das Auge des Herzens zum Schauen Gottes erheben, wenn wir nicht fähig sind, uns selbst zu schauen. Zuerst sollten wir lernen, unser eigenes Unsichtbares zu erkennen, bevor wir uns unterfangen, das Unsichtbare Gottes erfassen zu wollen.

Anna schenkte mir zum sechzigsten Geburtstag mein schönstes Kinderfoto. Vergrößert in A4-Format. Ich dürfte damals etwa vier Jahre alt gewesen sein. Dieses Bild sollte mich daran erinnern, dass ich einmal ein Kind war, das ich immer noch bin. Sie wollte mich damit auffordern, immer wieder an die Wurzeln meines Lebens zurückzukehren. Ich soll mein inneres Kind finden, damit es mir sagt, wer ich wirklich bin, wie ich wurde und wie weit es mein Leben bis heute bestimmt.

Es hat noch einen anderen Grund, warum sie mir dieses Foto schenkte. Es war nach einem Tag, an dem ich wieder einmal einer meiner öfter wiederkehrenden depressiven Phasen verfallen war. Das waren finstere Zeiten, die mich verzweifelt, wortkarg, gefühlsarm und teilnahmslos machten. Unvermittelt bemerkte sie: »Es muss in deiner Kindheit etwas geschehen sein, was dich verletzte. Diese Wunde ist noch nicht geheilt und schmerzt dich immer noch. Denke doch darüber nach. Vielleicht kannst du zu einem Kollegen gehen, damit er es mit dir zusammen herausfindet.« Ich hörte zu, verwarf aber die Idee. Zu stolz, als Psychotherapeut fremde Hilfe anzunehmen. Das tut mir heute leid. Es wäre für meine Frau und unsere Kinder besser gewesen, wenn ich den Wurzeln meiner Verstimmungen nachgespürt hätte. Ich war zwar ein guter Mann und ein aufmerksamer Vater. Das wäre allerdings selbstgerecht, gäbe ich nicht gleichzeitig zu, dass ich zu oft unter mir selbst litt und damit unsere Familie belastete. Erst der Schmerz, der mich nach dem Tod meiner Frau erfasste, zwang mich dann, endlich die Hilfe eines Kollegen in Anspruch zu nehmen.

Das innere Kind, über das ich vorher nachdachte, kann also beschädigt, verletzt und krank geworden sein und seinen Glanz verloren haben. Denke darüber nach!

15 Vater und Mutter

Was dachte sich Anna wohl, als sie mich fragte, was denn in meiner Kindheit Verletzendes geschehen sein könnte? »Denke darüber nach!« Also will ich denn über meine Kindertage nachdenken.

Ich bin wie ein Einzelkind aufgewachsen. Mein jüngster Bruder war fünf Jahre und meine älteste Schwester fünfzehn Jahre älter als ich. Unser Bauernhof war abgelegen und weit vom nächsten Dorf entfernt. Ich hatte keine gleichaltrigen Kinder um mich. Wenn ich nun schreibend und auch kritisch über meine Eltern nachdenke, möchte ich sie mit meiner Kritik nicht beschuldigen. Sie haben mir das Leben geschenkt. Sie haben für mich gesorgt und mir vieles ermöglicht, indem sie sich manches vom Mund absparten. Ich bin ihnen wie auch meinen fünf Geschwistern unendlich dankbar für alles, was sie mir Gutes taten.

Meine Eltern lebten und erzogen mich als Kinder ihrer Zeit, der damaligen gesellschaftlichen Mentalität und nicht zuletzt als treue Mitglieder ihrer katholischen Kirche, deren moralischen Richtlinien sie sich mehr als nur verpflichtet fühlten. Sie waren nicht nur Kinder ihrer Zeit, sondern auch Kinder ihrer Eltern, von denen sie anerzogene und genetische Eigenschaften ererbt hatten. Sie waren von ihrem eigenen Lebensrhythmus bestimmt und mein Vater konnte nichts dafür, dass er bei meiner Geburt schon ein alter Mann war. Er war als Bauer überall: auf dem Feld, wo er säte und erntete, im Stall, wo er die Kühe molk, die Pferde pflegte, oder im Wald, wo er Bäume fällte und Gestrüpp rodete. Als angesehener Mann nahm er abends an Sitzungen der Kirchen- oder Schulpflege oder an Gemeinderatssitzungen teil. Ich sah ihn beim Essen zusammen mit den Knechten, wo sich die Familie um den langen alten Tisch aus Kirschbaumholz versammelte. Ich erinnere mich an ein einziges Mal, als er mir auf der Ofenbank in der Stube mit seiner schwieligen Hand den Kopf streichelte. Und an einen Sonntagmorgen im Frühling, als er mich an der Hand nahm und mit mir die Äcker abschritt, um nach dem sprießenden Korn zu sehen. Er war ein wortkarger, ernster, hagerer Mann, mit einem kleinen Lippenbart und weißem schütteren Haar. Er roch nach Stall und Erde. Wenn er aber abends zu seinen Verpflichtungen ausging, richtete er sich mit Hilfe meiner Mutter sonntäglich her, zündete sich eine Zigarre an und ging als stattlicher Ratsherr von dannen.

Meine Mutter war ganz anderer Art. Gefühlvoll, besorgt, mit Leib und Seele anwesend. Aber wenn ich heute unserer Tochter zuschaue, wie sie mit ihrem Kleinen zärtlich ist, ihn herzt und küsst, und wie er sich an sie schmiegt und umarmt, ist das eine ganz andere Welt. Meine Mutter trug all diese mütterlichen Bedürfnisse auch in sich, getraute sich aber nicht, sie in dieser entspannten Form zu leben. Das lag weniger an ihr als an der damaligen so reservierten Grundeinstellung, die durch ein religiös verzerrtes Verhältnis zu allem Körperlichen und Sinnlichen geprägt war. Sinnlichkeit, Körper und Sünde waren sich sehr nahe. Es war deshalb größte Zurückhaltung geboten, um die Kinder nicht auf falscher Fährte zu gefährlicher Freude an der Sinnlichkeit zu verführen. So gab es abends am Bett statt eines Kusses ein Nachtgebet. Es wäre doch beides möglich gewesen.

Gerade dieser zurückhaltende Umgang mit mir und die sinnenfeindliche Atmosphäre steigerten mein Bedürfnis nach Zärtlichkeit und die Neugier auf alles Sinnliche. Und es begann das Leiden daran, an etwas ausgeliefert zu sein, was streng verboten war. Schon früh geriet ich so in Widerstreit mit der Berufung zu ganzheitlichem Menschsein. Es ist deshalb nicht verwunderlich, dass ich später eines meiner Bücher mit dem Titel »Über die Selbstverwirklichung der Christen« mit den Worten einleitete: »Mancher ist ein Christ statt ein Mensch. Mancher ist kein Christ, weil er ein Mensch sein möchte. Mancher ist weder ein Christ noch ein Mensch, weil er sich das eine mit dem anderen immerzu verunmöglicht. So unvereinbar ist für viele von uns Christliches und Menschliches.« Dass ich beides schließlich doch miteinander zu einer Einheit verbinden konnte, war das Verdienst meiner Frau Anna.

Ich bemerkte nichts von der Liebe von Vater und Mutter zueinander. Ich sah nie, dass sie sich umarmten oder küssten. Liebe spielte sich nur in ihrem Schlafzimmer ab, wenn überhaupt. Deshalb war die ganze Atmosphäre, was ich erst später wahrnahm, sehr kühl. Und ich kann mir vorstellen, dass vor allem meine Mutter, eine im Stillen sehr emotionale Frau, darunter gelitten hat. Zudem waren in meiner frühesten Kindheit auch die Großmutter väterlicherseits und eine ihrer ledigen Schwestern im Haus. Es ist naheliegend, dass meine Mutter sich von ihnen beobachtet und eingeengt fühlte. Sie muss unter diesen Umständen, was ich später vernahm, zunehmend unter Heimweh nach ihrem verlassenen Zuhause gelitten haben. Als sie mit bereits vierzig Jahren erneut schwanger wurde, war sie psychisch nicht in guter Verfassung. Zudem hätte sie wegen zunehmender Herzbeschwerden kein Kind mehr zu Welt bringen dürfen. Wahrscheinlich hatte sie Angst vor der bevorstehenden Geburt.

Die vorgeburtliche Gefühlslage meiner Mutter war für mein späteres Leben sicher mitbestimmend. Ebenso wie die äußeren Umstände meines Kleinstkindesalters innerhalb der Familie. Wenn ich nach diesen Überlegungen auf Annas Frage zurückkomme, stelle ich fest, dass mich nicht ein bestimmtes Ereignis verletzte. Es verletzten mich vielmehr die Verhältnisse, in denen ich meine Kindheit verbrachte. Ich wurde verletzt nicht durch das, was geschah, sondern vielmehr durch das, was nicht geschah und mir fehlte, als ich noch ein Kind war. Als ich noch ein Kind war?

Bin ich es nicht heute noch? Lebt dieses Kind zugeschüttet, aber wirksam nicht immer noch in mir? Sind die oft allzu starken Gefühle von Einsamkeit und Trauer die Gefühle meines verletzten Kindes?

16 Erinnerungen an die Kindheit

Es fallen mir immer neue Bilder aus meinen Kindertagen ein, die offenbar nicht ganz unbedeutend für mein späteres Leben waren. Es ist nicht unwichtig, dass es in der unmittelbaren Umgebung unseres kleinen Weilers keine gleichaltrigen Kinder gab, sodass alles, was in der Familie geschah, umso prägender war. Und wenn ich mit den älteren Kindern spielen wollte, hieß es meistens, ich sei zu klein. So wurden die Hühner, die Kälber, die Katzen und der unvergessliche Schweizer Sennenhund meine Spielgefährten. Noch heute ist mein Verhältnis zu Tieren ein ganz besonders inniges.

Wenn es draußen regnete oder schneite, flickte die Mutter mit einer Hausangestellten oder meinen Schwestern zerschlissene Hosen, löchrige Strümpfe oder andere Kleidungsstücke. Das war die Zeit, in der ich ihr die Geschichte vom »Mann im Mond« abbettelte. Eigentlich die einzige, die sie mir erzählte, außer die vom Rotkäppchen und dem bösen Wolf oder den sieben Geißlein. Das wunderte mich, weil sie, wenn Besuch kam, was nicht selten war, immer viel Interessantes zu erzählen wusste oder an ihrem Schreibtisch viele und lange Briefe schrieb.

Die Mutter meiner Mutter, Bäuerin auf einem großen Hof, kam jährlich ein- bis zweimal zu Besuch. Diese Besuche liebte ich nicht so sehr, weil ich mich dann stets von ihr beobachtet fühlte. Sie strahlte mit ihrem stattlichen Äußeren und ihrer Würde eine strenge Autorität aus. Sie hatte etwas Bischöfliches an sich, war doch ihr Bruder ein bekannter Missionsbischof, der seine Missionsstation in Afrika zu einer blühenden Diözese ausgebaut hatte. Ich erinnere mich an einen seiner Besuche. Der Vater hatte, was selten vorkam, die Kutsche aus der Scheune hervorgeholt und zwei Pferde mit dem schönsten Geschirr davorgespannt, um ihn am Bahnhof abzuholen. Als er aus der Kutsche gestiegen war, fiel meine Mutter vor ihm in die Knie und küsste ihm den Ring. Seine eindrucksvolle Persönlichkeit und Ausstrahlung hat vielleicht in mir die ersten Impulse geweckt, auch einmal Priester oder, wer weiß, sogar Bischof zu werden.

Eine Schwester meines Vaters, eine abgeklärte, hagere, asketische Lehrerin, versuchte mir bei ihren recht häufigen Besuchen Anstand und Manieren beizubringen, was mich manchmal zum Gegenteil provozierte. Ich erinnere mich, dass ich nach ihren Besuchen öfters mit besonderem Vergnügen den Schweinen beim Fressen zuschaute und mich freute, wenn sie mit Schmatzen und anderen unanständigen Geräuschen ihre Mahlzeiten vertilgten. Einmal lief ich als noch nicht schulpflichtiges Kind während der Bemerkungen der Tante vom Tisch weg in den Keller und schlug mit einem Hammer aus Wut ein großes Loch in die Wand. Ich wurde dafür natürlich bestraft. Neulich, als ich unser Elternhaus verkaufte, sah ich im Keller mit Schmunzeln das damals wieder zugemauerte, aber mit anderer Farbe überstrichene Verbrechen seit langer Zeit zum ersten und wahrscheinlich zum letzten Mal wieder.

Es ist nicht so, dass ich nur negative Erinnerungen an meine Kindheit hätte. Ich denke an die vielen, auch eindrücklichen Besuche ganz verschiedener Menschen, die in unserer Stube interessante Gespräche führten, scherzten, lachten und fröhlich waren. Ich denke an einen Cousin, der damals Theologie studierte und von seinen Studentenstreichen erzählte oder mit seinen weinseligen Freunden bei uns Feste feierte und romantische Lieder sang. Er war sicher einer von jenen, die mich auch zu meinem späteren Theologiestudium inspirierten. Wenn ich an diesbezügliche Inspirationen denke, sehe ich auch meine Mutter vor mir, wie sie in der Abenddämmerung auf der kunstvoll gefertigten Bank vor dem Haus sitzt, mit gefalteten Händen zum Kreuz schaut, das auf dem Platz vor dem Hof steht, und betet.

Oder ich gehe an ihrer Hand sonntags früh durch den geheimnisvollen, noch finsteren Wald zur Frühmesse in die Pfarrkirche. Füchse, Rehe und Hasen, sogar Wildschweine kreuzen unseren Weg. Ich sitze in der Erinnerung auf dem großen holperigen Heuwagen mit seinen riesigen Holzrädern und der Vater gibt mir die Zügel der Pferde in die Hände, dass ich sie aufs Feld führen darf.

Ich sehe Vagabunden draußen vor dem Haus auf der Bank sitzen. Es ist Abend und sie bitten um Unterschlupf für die Nacht. Ihre Kleider riechen von Erde, Wald und Schweiß. Der eine brachte mir manchmal einen Korb voller Pilze, die er mir zeigte und mit Namen benannte und mich bat, sie der Mutter zum Kochen in die Küche zu bringen. Nicht ganz uneigennützig, um endlich wieder etwas Gutes essen zu dürfen. Hinter seinem Stoppelbart verbarg sich ein gütiges Gesicht. Seine Worte glichen eher dem Gemurmel eines lieblichen Teddybären als solchen eines Menschen: »Hol mir ein Glas Most aus dem Keller, ein großes, aber dass es die Mutter nicht sieht.« – Der andere hieß Viktor. Er suchte uns meistens im Sommer auf. Er war sensibel und eher zerbrechlich. Seine Augen waren von Not gezeichnet und traurig. Wenn er kam, brachte er mir meistens einen Strauß leuchtender Walderdbeeren als Geschenk mit. Er mochte mich und wollte mir so seine Zuwendung zeigen, wie ich sie so gerne auch einmal von meinem Vater bekommen hätte. Jeder der beiden erzählte dann bei Tisch von seinen Erlebnissen auf der langen Wanderschaft durch die weite Welt, bis ihnen der Vater ein Zeichen zum Aufbruch zur Nachtruhe gab und mit ihnen in den Stall ging, wo er ihnen jeweils mit Heu und Stroh ein Nachtlager richtete.

Ich sehe mich in einem anderen Bild meines inneren Erinnerungsbuches, wie uns Vater an Weihnachten mit dem Pferdeschlitten durch den tief verschneiten Wald zur Mitternachtsmesse fährt. Die Pferde schnauben und dampfen. Bei heftigem Schneegestöber oder unter der unendlichen Weite des klaren Sternenhimmels. Augenblicke voller Geborgenheit und geheimnisumwitterter Romantik. Aber auch berührt von der Ahnung einer uns übersteigenden unendlichen Wirklichkeit, die mich ein Leben lang faszinieren sollte.

17 Beobachtung

Heute schreibe ich im Zug, der mich nach Zürich zur Arbeit führt. Arbeit ist eigentlich nicht der richtige Ausdruck für meine berufliche Tätigkeit. Meine Arbeit ist vielmehr meine Leidenschaft: Menschen begegnen, an ihrem Leben teilhaben dürfen, ihnen vertrauen und ihr Vertrauen spüren. Ihnen aus ihrer Not helfen, mit ihnen zusammen aus den Ausweglosigkeiten einen Weg suchen. Sie verstehen und ihre Tränen trocknen. Es fasziniert mich, mit ihnen ihre verborgenen Schätze zu bergen und nach den heilenden Quellen zu suchen, die ich in den Tiefen ihrer Seele rauschen höre. Das gelingt mir nur, wenn wir miteinander ganz gegenwärtig sind.

Im Zug fließen die Gedanken leichter dahin. Es ist, wie wenn sie bei der vorbeifliegenden Landschaft Flügel bekämen. Die Mitreisenden fordern mich auf, sie anzuschauen. Wenn ich sie anschaue und beobachte, fühle ich mich selbst ganz gegenwärtig. Ich brauche den Standpunkt in der Gegenwart, um überhaupt meiner selbst bewusst zu werden. Am Sein der anderen wird mir mein eigenes bewusst.

Ein alter Mann sitzt mir gegenüber. Er trägt einen knallroten Pullover unter der abgewetzten einmal schwarz gewesenen Lederjacke. Auf der Spitze seiner langen Nase sitzt eine randlose Brille. Sein Gesicht ziert ein grauer Dreitagebart. Vor sich eine kleine Agenda, in die er merkwürdige Zeichen malt. Er fühlt sich von meinem Blick gestört, schließt sein Büchlein, kuschelt sich zurecht und schläft ein. Er beginnt zu schnarchen. Der hochgewachsene junge Mann neben ihm wirft ihm einen verächtlichen Blick zu und liest in seiner Illustrierten weiter. Dazwischen trinkt er aus der Büchse Hopfenperle. Auf seinem gelben T-Shirt stehen Buchstaben und Zahlen geschrieben: FN o42723. Er ist offenbar eine Nummer. Ich sehe viele junge Menschen, die so Nummern auf der Brust und auf dem Rücken tragen. Ich erinnere mich an meine Kleider, die im Internat alle mit einer Nummer bezeichnet worden waren. Ich war Nummer 17. Viele Junge stecken heute in Einheitskleidern und essen wie wir damals im Speisesaal Einheitsfood, allerdings von McDonalds, den wir damals noch nicht kannten. Das Mädchen auf der anderen Seite verspeist ein belegtes Brot, aus dem Ketchup über ihre Finger fließt. Neben ihr ein Junge. Er zaubert mit unglaublicher Schnelligkeit Zahlen oder Buchstaben auf sein Handy. Der alte Mann ist müde und schläft. Er ruht sich aus. Er macht eine Pause auf seinem Weg.

Der Zug hält an. Ich muss aussteigen. Meine Beobachtungen machten mich ganz wach und gegenwärtig. Ich freue mich zu leben. Ich fühle beim Aussteigen die Treppe unter den Füßen und sehe die vorbeieilenden Menschen deutlicher als sonst. Ein lauer Wind streicht durch die Bahnhofshalle über meine Haut. Ich spüre, dass ich bin und wo ich bin. Das Geschenk einiger bewusster Augenblicke. Die Gesichter der Menschen haben mich bei meinem eigenen Namen gerufen. Es stimmt: Wer den Augenblick verpasst, vergisst sich selbst. Er geht achtlos durch seine Zeit. Er verpasst das Leben.

18 Der erste Schultag

Mit dem ersten Schultag begann für mich ein neuer Lebensabschnitt. Eine meiner Schwestern begleitete mich zum weit entfernten Schulhaus. Es war Anfang Mai. Die Bäume blühten wie riesige Blumensträuße in den löwenzahngelben Wiesen. Der Weg führte über Bäche, durch Gebüsch, an Wassertümpeln und kleinen Weihern vorbei durch eine Riedlandschaft, wo Schlangen hausten, wie die Erwachsenen erzählten. Ich hatte das alte Schulhaus noch nie gesehen. Und die Kinder kannte ich nicht. Etwa sieben Gleichaltrige warteten vor der Türe, bis der Lehrer öffnete. Es war eine sogenannte Gesamtschule mit nur einem Lehrer für acht Klassen in einem einzigen Schulzimmer. Die großen Burschen machten mir Eindruck. Als meine Schwester wegging, fühlte ich mich ganz verloren. Es war mein erster Aufenthalt in der Fremde. Ich musste die Tränen zurückhalten.

Ich war kein schlechter Schüler. Als wir jedoch zum Kopfrechnen aufstehen mussten, der Lehrer die Aufgaben stellte und derjenige, der als Erster die richtige Lösung aussprach, sich setzen durfte, befiel mich eine Art Panik, einmal der Letzte zu sein. Und in der

Tat fand ich mich öfter, ganz beschämt, in dieser schrecklichen Rolle. Es war nicht Dummheit. Es war vielmehr die Angst, die meinen Verstand durcheinanderbrachte. Bis jetzt haben Zahlen für mich immer noch nicht ihre ganze Schrecklichkeit verloren.

Ich ging nicht mehr gerne in die Schule, weil sich noch andere Schwierigkeiten vor mir auftürmten. Da ich, weil ich ja zu Hause als Kleinster nie mitspielen durfte, sportlich unterentwickelt war, wurde ich von den Mitschülern, wenn ich zum Beispiel am Reck turnen sollte, ausgelacht, weil mir einfach die Übung nicht gelang und mir die Kräfte dazu fehlten. In einer Gesangsstunde musste jeder in unserer Klasse dem Lehrer vor der ganzen Schule vorsingen. Die Töne blieben mir in der Kehle stecken, obwohl ich schon als Kind gerne sang. Während meiner Hochschulzeit nahm ich Gesangsunterricht. Meine Lehrerin, eine berühmte Opernsängerin, riet mir dringend, meine Studien an den Nagel zu hängen und am dortigen Konservatorium Gesang zu studieren. Eine für mich unvorstellbare Idee, einmal als Sänger auf der Bühne zu stehen.

Unser Bauernhof gehörte damals zu den größten und schönsten im Weiler. Mein Vater war ein Pferdenarr. Deshalb hatten wir nahezu als Einzige nicht nur Kühe, sondern auch wunderschöne Pferde im

Stall. Er war in der Gemeinde ein angesehener Mann. Bei uns gingen viele »vornehme« Leute aus und ein. Der Neid der Nachbarn machte sich in der Aggressivität ihrer Kinder Luft. So wurde ich einmal auf dem langen Schulweg von größeren Mitschülern überfallen und verprügelt. Das provozierte meinen Mut. Nachts, als einer der schlimmsten Schläger die Milchkanne, die der Milchmann bei uns jeweils vor der Scheune deponierte, abholte, lauerte ich ihm auf. Die Pferdepeitsche in der Hand rannte ich hinter dem Holzklafter an der Wand hervor, überraschte den großen Kerl und schlug ihm ins Gesicht, sodass er am anderen Tag mit einem Riesenpflaster im Gesicht in der Schule erschien. Danach wurde ich nie mehr geschlagen.

Seltsamerweise hänge ich trotz allem, was ich zu Hause vermisste und in der Schule erlitt, mit Leib und Seele an meiner Heimat. Es sind die ausgedehnten Wälder, die vielen großen und kleinen Bäche, die mäandernd die vielfältige Landschaft durchziehen. Es sind die goldenen Kornfelder, die weit ausladenden Bäume, die im Frühling die Landschaft verzaubern, die mich bis heute an den Ort meiner Kindheit fesseln. Deshalb bauten Anna und ich später auf dem Land des Hofes unser Haus. Freilich rechneten wir nicht damit, dass sich Neid und Eifersucht von Eltern auf dem Land leichter auch auf

Kinder übertragen als in der Stadt. So erlebte unsere Tochter das gleiche Schicksal wie ich damals. Sie wurde auf demselben Schulweg verprügelt, sodass uns nichts anderes übrig blieb, als sie ins Nachbardorf in die Schule zu schicken. Dennoch war jene Zeit für sie wichtig. Auch sie hat gelernt, sich zur Wehr zu setzen. Und dort hat sich der starke Funke in ihr entzündet, sich Notleidender und ungerecht Behandelter anzunehmen. Sie ist heute zum Beispiel ein begeistertes, sehr aktives und einfallsreiches Mitglied von Amnesty International in einer Gruppe ihrer Region, in der sie sich für ungerecht Inhaftierte in Israel und Palästina einsetzt. Sie gab in diesem Zusammenhang mit einem Musikerkollegen sogar mehrere Benefiz-Konzerte.

Der erste Schultag riss mich recht brutal aus der Kindheit. Er eröffnete die Konfrontation mit einer aggressiven und mit neuen Einsamkeiten besetzten Wirklichkeit. Ich lernte, Spott zu ertragen, Angst zu bewältigen und mich mutig zur Wehr zu setzen.

19 Im Progymnasium

Nach der Gesamtschule wechselte ich in eine Art Vorstufe zum Gymnasium. Ich war damals zwölf Jahre alt. Die Schule war sechs Kilometer weit von meinem Elternhaus entfernt. Ich musste den Weg mit dem Rad zurücklegen. Die Hinfahrt vom Berg ins Tal war einfach. Der Heimweg war beschwerlich. Ich blieb immer wieder stehen, ruhte aus und träumte vor mich hin. Manchmal über Freundschaften mit Mädchen von der Schule, die gar nicht stattfanden. In eines der Mädchen war ich richtig verliebt. Sie war mit mir in der Lateingruppe, aber sie würdigte mich keines lieben Blickes. Sie war ja die Tochter des Chefarztes am Krankenhaus. Sie strahlte durch ihre Kleidung und dunkle Hautfarbe etwas Exotisches aus, das mich faszinierte, dem ich als Bauernjunge nichts Ähnliches entgegenzusetzen hatte.

Im Winter durfte ich in einem Kaffeehaus das Mittagessen einnehmen. Ich vergesse die liebevolle Besitzerin nie, die mich nachher jeweils mütterlich mit Süßigkeiten versorgte. Während des Krieges bekamen wir nur Vollgummireifen für das Fahrrad. Das Radfahren war anstrengend und die Straßen waren steinig, sodass ich oft zu spät und mit einer halben

Gehirnerschütterung im Klassenzimmer ankam. Da waren wieder die mathematischen Fächer, die noch schwieriger geworden waren und vor denen ich mich fürchtete. Die Fremdsprachen fielen mir auch nicht leicht, weil ich nicht wusste, wie ich sie am besten ins Gedächtnis einprägen sollte. Es gab niemand, der mir hätte helfen können.

Die kirchliche Jugendgruppe der Pfarrei war ein Lichtblick im Alltag. Ich lernte viele gleichgesinnte Jugendliche kennen. Zudem war die Gruppe mit vielen anderen Gruppen in Nachbardörfern vernetzt. Ich war ein absoluter Fan unseres Jugendseelsorgers. Ein großer, schlanker, sympathischer Mann mit starker Ausstrahlung. Er pflanzte mit der Gestik seiner langen Arme und sensiblen Hände Begeisterung in unsere Herzen. Er sprach unsere Sprache, war witzig und zugleich in einer anziehenden und beispielhaften Form ein tief spiritueller Mensch. Unsere Sympathie war gegenseitig. Er berief mich zum Gruppenleiter. Gruppenleiter mussten sich einer strengen Schulung und Prüfung unterziehen.

Besonders beeindruckend waren für mich seine Einführungen in die psychologischen Grundlagen der Menschenkenntnis. Er zündete in mir damit ein Licht an, das nie mehr erlöschen sollte und mir in späteren Jahren den Weg zu meinem Beruf aufzeigte. Der Grund, warum ich dann zuerst statt Psychologie Theologie studierte, war sicher seine selbstverständliche Religiosität. Unter anderem aber auch der sechsjährige Aufenthalt an der Einsiedler Klosterschule. Nicht zuletzt meine moralische Tante, die meine Eltern finanziell unterstützte und mir so die Möglichkeit einer akademischen Laufbahn ermöglichte. Freilich hegte sie dabei die nicht ausgesprochene, aber wenigstens anfänglich gelungene Absicht, mich in dieser Weise auf die theologische Schiene zu schieben. Der spätere Wechsel von der Theologie zur Psychologie war denn auch ein schmerzliches Erlebnis für sie. Es war auch für mich nicht leicht, sie zu enttäuschen. Gute Gespräche miteinander halfen ihr, die Enttäuschung zu überwinden. Ich bin ihr bis heute dankbar für ihre großzügige Haltung und Hilfe.

20 Maria Einsiedeln

Ich fühle mich heute so in eine Erinnerung versetzt, als ob sie hautnahe Gegenwart wäre: Ich schleppe einen riesenschweren Koffer den steilen Weg über den weiten, mit Pflastersteinen besetzten Platz zur gewaltigen Fassade des Einsiedler Benediktinerklosters. Glocken dröhnen von den beiden Türmen und rufen zur Vesper. Ich schließe mich den andern Neuankömmlingen an, die wie in einer Prozession zum Portal ziehen, wo mit goldenen Buchstaben »Gymnasium« angeschrieben steht. Dort werden wir wie vom Rachen eines Molochs verschluckt und in ein überwältigendes Treppenhaus wieder ausgespuckt, das uns an übergroßen Gemälden und einer mannsgroßen Jesusstatue vorbei in den Schlund eines endlos langen, weiß gestrichenen Ganges auf terracottafarbenen Fließen zu neuen Stiegenhäusern führt. Einige Mönche, zukünftige Lehrer, begrüßen uns. Es begegnet uns eine Anzahl großer Studenten, die sich dort schon auskennen und nicht zum ersten Mal einrücken. Die Neuen werden meistens von ihren Eltern begleitet. Ich bin allein. Ich fühle mich in den kalten, fremden Räumen verlassen wie nie zuvor.

Es wird uns im langen Schlafsaal, wo sich beidseitig kleine, grün gestrichene Schlafzellen aneinanderreihen, eine Zelle zugeordnet. Schrank, Bett, eine kleine Truhe, ein Dachfensterchen. Eine Waschanlage wie in einer Kaserne teilt den Saal. Dann werden uns Plätze in den Studiensälen zugewiesen. Wir versammeln uns schließlich in der barocken, mit fliegenden Engeln und Heiligenbildern geschmückten Studentenkapelle. Dort findet eine Art militärischen Hauptverlesens statt. Die Namen der Studenten werden aufgerufen. Jeder bekommt eine Nummer, die er auf die Kleider zu nähen hat. Von nun an bin ich unter den dreihundert Klosterschülern, wie schon früher erwähnt, Nummer 17! Jedem wird je nach Nummer auch der Platz in der entsprechenden Kirchenbank zugewiesen, den er in der Folge immer einzunehmen hat, sodass der Präfekt wahrscheinlich leicht erkennen kann, wer morgens um halb sechs Uhr die Messe schwänzt. Alles in diesen Mauern war riesengroß und abweisend, weißes Gemäuer. Für mich überwältigend, der ich aus der warmen Bauernstube kam.

In späteren Jahren gehörte ich übrigens öfter zu den erwähnten Schwänzern und wurde dann beim Mittagessen mit Namen aufgerufen und im Winter zum Eisbahnputzen verurteilt. So ließ ich mich freiwillig immer wieder vor allen bloßstellen. Ein verzweifelter Versuch, aus der Anonymität der Masse auszubrechen. Andere hatten andere Möglichkeiten, ihre Identität wahrzunehmen. Ich denke an den Sohn des damaligen Bundesrates in unserer Klasse. In jenem Jahr, als sein Vater Bundespräsident des Landes wurde, auch ein Alteinsiedler, wurde er mit Pauken und Trompeten empfangen und im Fürstensaal vom Abt des Klosters begrüßt und mit feierlichen Worten gewürdigt. Es gab ein großes Fest und ein feudales Mittagessen: statt Wurst und Wüstensand (trockener Mais) Kartoffelstock, Fleisch mit Gemüse und Süßmost mit Nachspeise. Ich war nicht eifersüchtig auf meinen Mitschüler, spürte hingegen meine Nichtigkeit im Gegensatz zu seinem Ansehen, das er aufgrund der Stellung seines Vaters an der Schule genoss. Er musste sich nicht auf so einfältige Weise bemerkbar machen wie ich, indem ich morgens im Bett liegen blieb, damit ich beim Mittagstisch mit Namen als Sünder verkündet wurde. Kompensatorisch entwickelte ich mich nebenbei zum Kabarettisten. Ich verstand es, die originellsten Professoren nahezu perfekt in Sprache und Benehmen nachzuahmen. Ein besonders beliebtes Objekt stellte mein Mathematiklehrer dar. Ich konnte so einen Teil der Angst vor ihm abstreifen, wobei allerdings noch genug davon übrig blieb.

Ich erinnere mich, dass am anderen Tag der Kloster-
schneider bestellt wurde, um uns das Einheitskleid
der Soutane zu verpassen. Eine Uniformierung, die
meine Identität zwar zudeckte, mich anderseits vor
den Kleiderfragen schützte, die sich in diesem Club
mehrheitlich reicher Herkömmlinge für mich hätten stellen können. Es wurde uns mitgeteilt, dass wir
das Internat nur am Mittag oder Abend zu Spaziergängen in Gruppen unter Leitung eines Mönchs
verlassen durften. Im Übrigen waren wir wie kleine
Mönche hinter Klostermauern von der Welt abge-
schirmt. Die Absperrung nach außen füllte meine
Innenwelt mit wilden Fantasien aller Art und ließ
meine Seele manchmal fast aus allen Nähten plat-
zen. In höheren Klassen war am Sonntagnachmittag
freier Ausgang bis zum Nachtessen. Begegnungen
mit Mädchen waren untersagt. Kamen irgendwel-
che Techtelmechtel eines Entgleisten ans Tageslicht,
wurde er erbarmungslos des Hauses verwiesen.

Wenn ich mich heute in meinem Fotoalbum anschaue, stelle ich fest, dass ich eigentlich ein sympathischer Junge war. Dennoch war ich damals voller
Minderwertigkeitsgefühle. Den wenigen Avancen
von Mädchen ging ich aus dem Weg, obwohl sie
mich keineswegs unberührt ließen. Die Begegnung
mit einem Mädchen wäre für mich ohnehin eine
Versuchung gewesen, der ich angesichts der klöster-

lichen Umgebung, aber auch meiner theologisch zölibatären Berufsperspektiven zu widerstehen hatte. Erotik, Sexualität und Liebe fielen deshalb einer radikalen Verdrängung anheim. Glücklicherweise konnte ich meine zeitweilige Not mit einem väterlichen Mönch besprechen. Er war unser Latein- und zugleich Griechischlehrer. Mit ihm verband mich bis zu seinem Tod eine schöne und wertvolle Freundschaft.

21 Ein Albtraum

Der größte Albtraum, der mich während der ganzen sechs Jahre des Aufenthaltes in dieser Klosterschule belastete, war mein Mathematiklehrer, der uns auch in Französisch unterrichtete, sodass ich ihm jeden Tag einmal oder mehrmals im Klassenzimmer ausgeliefert war. Ein stattlicher, großer Mann, mit französischer Muttersprache, dunklem Teint, dunklen Augen und dicken schwarzen Augenbrauen. Er war nicht aus adeligem Geschlecht, aber benahm sich von Kopf bis Fuß in überheblich königlicher Manier und stellte für uns vordergründig ein undurchsichtiges und unnahbares Geheimnis dar. Hinter dieser Maske verbarg sich eine sadistische Aggressivität, die er für Schüler aufbewahrte, die er entweder nicht leiden mochte oder die in den mathematischen Fächern Schwächen zeigten. Ich gehörte zu beiden. Noch viele Jahre quälten mich immer wieder Albträume, in denen er mich bloßstellte und an der Wandtafel erniedrigte. Er bestellte mich nämlich immer dorthin, wenn er wusste, dass ich eine Aufgabe nicht zu Ende lösen konnte. Ich weiß nicht, welcher Engel sich ihm bei der Matura in den Nacken gesetzt hatte, als er mir eine

Aufgabe zuteilte, von der er genau wusste, dass sie für mich lösbar war.

Ich vermochte ein befriedigendes lautes Lachen nicht zu unterdrücken, als ich später im Kreis von Einsiedler Studienkollegen vernahm, dass der Mathematiklehrer plötzlich gestorben sei. An einem Herzschlag, und zwar auf dem WC. Dieses Ende gönnte ich ihm mit lustvollem Wohlgefallen. »Es gibt eine Gerechtigkeit!«, rief ich aus und ließ einen Jauchzer los. Allerdings pilgerte ich wenige Tage später an seinen Sarg, in dem er in der Beichtkirche aufgebahrt war.

Blass und steif lag er da. Die Kapuze bis zu den Augen ins wächsern gelbe Gesicht gezogen, die weißen Hände gefaltet, und die Zehenspitzen kerzengerade zum Himmel gerichtet. Seine Mitbrüder begleiteten ihn in einer Prozession im offenen Sarg, in duftende Weihrauchwolken und feierliche Gesänge gehüllt, zur Gruft: »In paradisum te deducant Angeli ... et perducant te in civitatem sanctam Jerusalem« – Engel begleiten dich ins Paradies und führen dich in die heilige Stadt Jerusalem. Auf seinem wächsernen Gesicht entdeckte ich überrascht ein Lächeln, das mich für alle Zeiten mit ihm versöhnte und in mir sogar ein Gefühl der Dankbarkeit ihm gegenüber weckte. Eine dicke Träne rann mir über die Wange und nässte meine gefalteten Hände. Ohne es zu wissen, hatte er mit seinen Erniedrigungen in mir den Impuls geweckt, alle meine Kräfte zu sammeln und zu beweisen, dass ich im Leben zu mehr fähig bin, als er mir zugetraut hatte. Und dass er mich, wenn ich auch nicht alle Rechnungen an der Wandtafel lösen konnte, mit seiner Verachtung fähig machte, die Aufgaben, die mir das Leben stellte, zu bewältigen. Seine aggressive Art, mir zu begegnen, mobilisierte alle meine verfügbaren Energien, sodass ich mich in meinem schwierigen Leben nie unterkriegen ließ, sondern trotz vieler äußerer und innerer Hindernisse zu einer erfolgreichen akademischen Laufbahn befähigt wurde.

Jene sechs Jahre im Internat im kargen Einsiedler Hochtal, wo es keinen Frühling gab, waren eine lange Zeit voller Entbehrungen, langer Nächte und harter Tage. Es war eine Zeit von Einsamkeit und Heimweh nach der warmen Stube zu Hause; nach meinen lieben Tieren und nach der Freiheit in der Natur meiner Heimat. Es war auch eine Zeit der Ungewissheit, wie einmal nach dem Gymnasium der Weg weitergehen sollte. Spürte ich doch immer deutlicher, dass der priesterliche Beruf für mich immer mehr zu einem verhängnisvollen Wagnis werden könnte. Die klösterliche Lebensweise als junger Mann hatte in mir viel Nichtgelebtes oder Verdrängtes aufgestaut, das immer deutlicher nach einer explosionsartigen Befreiung drängte, vor der ich Angst hatte, von der ich allerdings noch weit entfernt war.

Seither bin ich noch oft nach Einsiedeln gepilgert. Eine seltsame Kraft, derer ich mich nicht erwehren konnte, zog mich immer wieder dorthin. Allein oder mit meiner Familie, der ich von meinen schlimmen Jahren hinter Mauern erzählte. Es war zum Teil wie ein Zwang, zum Teil war es ein Bedürfnis, dort Erinnerungen zu wecken und zu verarbeiten und die schwarze Madonna zu besuchen, mit der ich einmal unzählige verzweifelte Gespräche geführt hatte. Die Antworten folgten jedoch nie sofort. Es dauerte Jahre, bis ich sie zu vernehmen glaubte. Es drängte mich bei solchen Besuchen auch, die Mönche, die meine Lehrer waren, beim Gang zum Salve wiederzusehen, von denen jetzt, stellte ich fest, allerdings keiner übrig geblieben war. Ich sehe sie im Geist dennoch deutlich unter den mir jetzt Fremden vor mir, im Gleitschritt, betend, die Hände züchtig unter dem faltenreichen Chorrock versteckt, mit abgemessenen kurzen Schritten zur Kapelle schreiten. Die Zeit scheint in diesen Augenblicken stehen zu bleiben.

22 Die gestohlene Jugend

Wie so oft entschloss ich mich neulich an einem langweiligen Sonntagnachmittag nach Einsiedeln zu fahren, um wieder einmal die Vesper der Mönche zu besuchen und ihrer Prozession zur Gnadenkapelle beizuwohnen. Die Kupferkappen der Türme glänzten in der Abendsonne und die große Glocke brummte wie vor vielen Jahren über den weiten Platz. In diesem Moment trat eine Gruppe locker bekleideter Mädchen und Jungen diskutierend, lachend, scherzend, sich neckend und sich umarmend durch das goldbeschriftete Portal des Gymnasiums und zog zum nahen Kaffeehaus. Ich schaute ihnen eine Weile fasziniert nach. Ein Film lief in mir ab. Ich war neidisch auf diese fröhlichen jungen Menschen. Der alte, kranke Morrie sagt seinem Schüler am Krankenbett: »Es ist unmöglich für die Alten, die Jungen nicht zu beneiden. Aber es geht darum, das zu akzeptieren, was du bist. Du musst herausfinden, was in deinem Leben, so wie es jetzt ist, gut und wahr und schön ist ...«

Wenn es doch so einfach wäre! Ich beneide diese Jungen, weil sie so locker und so glücklich sind, während ich damals in den schönsten Jahren des Lebens so verkorkst und unnatürlich war, weil wir dazu verurteilt waren, wie kleine Mönche zu leben. Ich wusste wahrscheinlich mit vielen anderen nicht, was unbeschwertes Glücklichsein ist. Als ich den Jungen neidvoll zuschaute, hätte ich am liebsten laut ins Glockengeläut hineingeschrien: »Sie haben mir die Jugend gestohlen!« Und als ich mit zwanzig wehrlos in die Welt hinausgeboren wurde, wo ich mich nicht zurechtfand, und in den Schoß des Priesterseminars flüchtete? Da stürzte ich vom Regen in die Traufe. Hätte ich gewusst, dass droben in den Bergen ein zwölfjähriges blondes Mädchen bereits auf mich wartete, hätte die Welt für mich anders ausgesehen. Und als ich dreißig und wegen meines Zweitstudiums immer noch Student war, ungewiss ob ich mich jetzt auf dem richtigen Weg befand, fragten mich Verwandte und Bekannte mit überheblichem Unterton, ob ich mit dem Studium nicht endlich fertig sei und was ich denn eigentlich jetzt studiere. Ein ewiger Student, dachten sie. Peinlich!

Einsiedeln war zwar ein Gefängnis. Aber für manchen war ein Gefängnis vielleicht die Rettung. Was hätte ich mir in einer ziellosen Zeit für ein Ziel gewählt, wenn ich den Weg nicht dorthin gefunden hätte? Wo wäre ich heute? Vielleicht ohne Lehre und Arbeit, gestrandet, verkommen. Wo wäre ich ohne die Stille der langen Gänge, ohne den Zauber der Musik? Ohne die wunderbaren Menschen, die ich dort im Lehrerkollegium und unter Mitstudenten fand und mit denen ich mich im Herzen immer noch verbunden fühle, obwohl sie schon lange tot sind? Wie arm wäre ich ohne das Erlebnis der benediktinischen Kultur und Tradition? Ohne diese überwältigende Kunst und Architektur? Ohne die Ruhe des Klosters, in der ich eine Ahnung vom Geheimnis des Unendlichen erfuhr? Ohne die Spiritualität der feierlichen Liturgie, die mich in eine andere Welt versetzte, aus der ich Kraft und Hoffnung schöpfen konnte? Jener Spiritualität, die mir bis zum heutigen Tag im Leben Sinn, Ziel und Inhalt vermittelt? Ich ging zufrieden und erlöst nach Hause und begann, an meiner Biografie des Alters weiterzuschreiben.

23 Unter dem Birnbaum

Ich liege im Schatten meines geliebten Birnbaumes
und schaue ins Grüne. Zwei bunte Schmetterlinge
flattern eilig von Blume zu Blume und teilen den
Nektar mit den gemütlich brummenden Hummeln.
Dazwischen glänzt wie Gold gelber Klee. Aus der
Ferne spielen helle und dunkle Kuhglocken ein lei-
ses Orchesterkonzert. Dem Buntspecht, der sich in
der Baumkrone verbirgt, bin ich offenbar ein Dorn
im Auge. Er versucht mich mit spitzen Bemerkungen
von seinem Versteck zu vertreiben, was mich belus-
tigt, jedoch nicht beeindruckt. Ich gebe ihm zu verstehen, dass wir doch schon so viele Jahre unseren
Baum miteinander teilen, dass wir jetzt nicht anfan-
gen wollen, um ihn zu streiten.

Friedlicher als er setzt sich eine Amselmutter gerade über mir auf einen Ast. Sie trägt einen langen,
dicken Wurm im Schnabel und lockt ihre Kinder
zur Mahlzeit. Ohne Erfolg. Sie fliegt weg und ich
höre noch von weither ihren dringlichen Ruf. Indessen hat sich eine ganze Schar Spatzen im Baum
versammelt. Sie brechen auf einmal in ein lustiges
Geschwätz aus. Ich habe das schon öfter mit Erstaunen festgestellt, dass sie sich immer um ein Uhr im

Gebüsch zu einem lauten Schwatz treffen, den sie ebenso plötzlich, wie sie ihn angefangen haben, abbrechen. Ob wegen einer Störung oder einem Entschluss ist mir nicht klar. Einige bleiben zurück, plustern sich auf, putzen gemütlich ihr Gefieder und hüpfen dabei von Ast zu Ast. Sie betrachtend und ihnen zuhörend gerate ich in eine tiefe innere Ruhe.

Leicht bewegt von sanftem Wind
lass ich meine Seele fliegen,
lass sie spielen wie ein Kind.
In der heißen Mittagsruh'
tanzen auf den Zweigen Spatzen
und schauen mir verwundert zu.

Mein Birnbaum ist mein Lieblingsbaum. Er steht im Frühling wie ein riesiger Blumenstrauß in der Landschaft. Und jedes Jahr zur gleichen Zeit rastet dort in seinen Ästen morgens um fünf singend ein Kuckuck. Im Sommer spendet mein Baum kühlenden Schatten. Im Herbst brennt er wie ein Feuer im roten Kleid. Und im Winter steht er wie ein Leichnam mit ausgestreckten Armen in der weißen Natur. Vor einigen Jahren entdeckte ich, dass er ein Gesicht hat. Das Gesicht eines alten Weisen mit einem langen Bart. Ich dachte, dass ich da etwas in den Baum hineinprojiziere. Deshalb fragte ich unsere Kinder und Freunde, die sein Gesicht ebenfalls deutlich erkannten. Der alte Mann im Baum ist mein Freund geworden, den ich seither jeden Morgen, ihn betrachtend, begrüße.

Als Anna starb, träumte ich, dass mein Baum gefällt worden war. Er lag in Stücke zersägt auf der Wiese. Ich dachte: »Da will ich nicht mehr leben. Ich ziehe von hier weg.« Er war im Traum zum Sinnbild all dessen geworden, wovor ich Angst hatte, es loslassen zu müssen. Vielleicht um ein alter Weiser zu werden?

24 Die Lebenswende

Nach dem Abitur wechselte ich an die philoso-phische Fakultät der Universität Fribourg. Während ich im Internat durch Glockenzeichen auf das auf-merksam gemacht wurde, was ich gerade zu tun oder zu lassen hatte, war ich hier gänzlich dem Fluss der Zeit ausgeliefert, der mich bald hier- und bald dorthin schwemmte. Ich kannte hier niemanden. Niemand wies mich an, wo ich mich zu melden hatte oder mich orientieren konnte. Ich war unsi-cher, welche Vorlesungen ich belegen sollte. Man sprach französisch.

Aus dieser Orientierungslosigkeit flüchtete ich mich, wie könnte es anders sein, ins Priesterseminar nach Luzern, wo einige meiner besten Kameraden studierten und wo ich wieder Internatsverhältnisse antraf, die mir zwar zuwider waren, in denen ich jedoch eine Art seltsamer Geborgenheit wiederzu-finden hoffte. Natürlich waren hier die Grenzen noch enger gesteckt. Das Seminar wurde wegen sei-nes seltsam ältlichen Aussehens sinnigerweise als »Kasten« bezeichnet. Sein Äußeres war durchaus der Ausdruck der Atmosphäre, die sein Inneres be-stimmte.

An Sonn- und Feiertagen nahmen wir an den Feierlichkeiten in der nahen Hofkirche teil und konnten dabei die Parade der mit Hermelinpelzen geschmückten alten, hinkenden, buckligen und in der Sakristei oft streitenden Chorherren bewundern. Sie schienen mir jeweils meine eigene trostlose Priesterzukunft vorzuführen.

Es gab auch im Professorenkollegium seltsame Vögel. Ich denke an den salbungsvollen Dogmatiker, der sich in regelmäßigen Abständen mit femininer Gestik das Haar aus dem Gesicht wischte. Oder an den Moraltheologen, der mit seiner deftig bäurischen Sprache – wenn er nicht gerade lateinisch sprach – über die ehrbaren, weniger ehrbaren und unehrbaren Teile des Körpers dozierte und die Möglichkeiten aufzeigte, wodurch man sich mit kleineren oder sogar schweren Todsündenschulden belasten konnte. Es war eine Frage der Zeit, wann es in mir endgültig zur inneren Explosion kommen würde. Der einzige Lichtblick im Kollegium war der Professor für Psychologie, mit dem ich eine sehr gute Beziehung fand und der mich später als Dozent für Tiefenpsychologie an die äußerlich und innerlich neu gebaute Fakultät berief.

Nicht unerwartet, aber plötzlich wurde der innere Druck so groß, dass er die Fesseln sprengte und mich in die weite Welt entließ, die sich mir auf einmal zu öffnen schien. Ich verließ den Ort des Schreckens und reiste nach einem kurzen Aufenthalt bei den überraschten Eltern nach Paris. Dort fand ich am Institut Catholique eine völlig neue Theologie vor und besuchte an der Sorbonne psychologische Vorlesungen. Damit war die Brücke für den baldigen Ausstieg und Wechsel geschlagen. Ich beschloss, Psychologie zu studieren.

Nach einer kurzen Auszeit in der Schweiz stand ich eines Morgens am Zürcher Hauptbahnhof vor den Schaltern. Ich konnte mich nur schwer entscheiden, wohin ich fahren wollte. Wieder nach Paris, nach München oder nach Wien? Ich kaufte mir eine Fahrkarte nach Wien, stieg aber, einem Impuls folgend, in Innsbruck bereits aus, wo ich meinen späteren Lehranalytiker kennenlernte. Er empfahl mir, doch in Innsbruck zu bleiben und hier das Psychologiestudium aufzunehmen. Durch ihn kam ich in Berührung mit dem Wiener Arbeitskreis für Tiefenpsychologie, der mir endgültig den Weg in die entsprechende Berufsrichtung wies. Ich schloss fünf Jahre später mein Studium mit der Doktorarbeit über den Mutterkomplex bei katholischen Priestern ab.

25 Wie ein Wunder

Als ich in dieser Zeit genügend Wissen gesammelt hatte, arbeitete ich während mehrerer Semester neben den Vorlesungen als klinischer Psychologe an der neurologisch-psychiatrischen Abteilung der Universitätsklinik. Die Psychologie begann mich immer mehr zu faszinieren. Noch immer aber quälten mich Zweifel, ob ich wohl den Herausforderungen des schwierigen Berufes als Psychotherapeut beruflich und menschlich gewachsen sei. Die mir während vieler Jahre eingeimpften Minderwertigkeitsgefühle quälten mich immer aufs Neue. Da geschah etwas für mich bis heute Unfassbares. Der Leiter der Klinik stellte mir nämlich ein in der Tat umwerfendes Zeugnis aus, das alle Zweifel und Unsicherheiten an mir und meiner Berufung ausräumte und mir ein ganz neuartiges Selbstwertgefühl vermittelte. Ich konnte es kaum glauben, was er schrieb. Aber seine Kompetenz und Ehrlichkeit ließen keinen Zweifel an der Echtheit seiner Äußerungen offen. Ich nahm das Zeugnis in diesen Tagen aus meinem Ordner und las es nach vielen Jahren wieder wie zum ersten Mal mit derselben Rührung und Dankbarkeit:

Herr Karl Guido Rey hat an dieser Klinik regelmäßig und ganztägig als klinischer Psychologe gearbeitet. Er brachte bereits sehr gute Vorkenntnisse hinsichtlich psychodiagnostischer Testmethoden mit und zeigte sich in hervorragender Weise in der Lage, seine theoretischen Kenntnisse auch praktisch anzuwenden. Die von ihm erhobenen psychodiagnostischen Befunde zeichneten sich durch ein weit überdurchschnittliches Einfühlungsvermögen aus und stellten für die Stationsärzte sehr wertvolle Beiträge zur psychiatrischen Diagnostik dar.

Angesichts der außergewöhnlichen Begabung für klinische Psychologie wurde Herrn Rey auch die Möglichkeit zu psychotherapeutischer und psychagogischer Führung einzelner Patienten gegeben. Er hat sich auch auf diesem Gebiet in ausgezeichnetem Maß als talentiert erwiesen. Einige erstaunliche Psychotherapieerfolge sind die Frucht seines diesmaligen Wirkens an der Klinik.

Abgesehen von der fachlichen Leistung zeigte sich Herr Rey auch hinsichtlich seiner charakterlichen Eigenschaften als ein besonders beliebter Mitarbeiter; sein sicheres und dabei freundliches und bescheidenes Auftreten erwarb ihm die Zuneigung und Achtung der Patienten sowie aller ärztlicher und nichtärztlicher Mitarbeiter des Hauses. Wir sehen den hochbegabten und sympathischen Kollegen mit großem Bedauern von der Klinik weggehen und wünschen ihm für die Zukunft von ganzem Herzen ein Betätigungsfeld, das seiner speziellen Begabung entspricht.

Dr. med. Niedermeyer, Leiter der Klinik

Dieses Zeugnis war ein Geschenk für mich. Wie ein Wunder, das auf einmal mein Leben von Grund auf veränderte und auf die dringend not-wendende sichere Basis stellte.

26 Praxissuche

Eigentlich bin ich heute in die Stadt gefahren, weil ich mir einen neuen Arbeitsraum anschauen möchte, der von einer Praxisgemeinschaft in der Zeitschrift des Schweizerischen Psychotherapeutenverbandes ausgeschrieben war: »Großer, heller Raum, in ruhiger Lage mit guten Straßenbahn- und Busverbindungen.«

Mein kleines Büro im Zentrum der Stadt gefällt mir gut. Aber es ist mir zu teuer, wenn ich weniger arbeite. Ich habe es wie eine Stube eingerichtet. Die Menschen fühlen sich wohl und geborgen. Gegenüber der Türe eine Fensterfront, an den Seitenwänden je ein bequemes, dezent blaugrün gemustertes Sofa, in der Mitte ein tiefblauer Gabbhe. An den Wänden Aquarelle, die ich zum Teil selbst malte, eine alte Uhr aus dem Speisezimmer meines Elternhauses, Fotos von unserer Familie. Auf einem kleinen, weißen Bücherregal lacht ein Clown neben einer Prinzessin. Wenn man ihren Rock hochstülpt, erscheint darunter der Frosch. Das Geschenk einer Nonne.

Es wäre nun mein vierter Praxisraum, wenn ich den ausgeschriebenen kriegte. Meine erste Dreizimmerwohnung bezog ich kurz nach meinem Studienabschluss. Da ich kein Geld zur Verfügung hatte, lieh mir mein Bruder welches, mit dem ich im Brockenhaus Tisch und Stühle kaufte. Zuerst telefonierte ich nur mit dem Kaminfeger. Versicherungsbeamte riefen mich an. Dann wies mir Professor Rudin, Psychotherapeut und Jesuit, bei dem ich bei meinem Studienwechsel Rat gesucht hatte, Menschen zu, die er wegen Überlastung selbst nicht betreuen konnte. Als Erstes kam eine Mutter mit ihrem 14-jährigen Jungen vorbei, der am Gymnasium versagte, ich konnte ihm helfen, Tritt zu fassen. Er wurde ein tüchtiger Berufsmann, mit dem mich bis heute eine Freundschaft verbindet.

Als ich es mir finanziell leisten konnte, zog ich in das sogenannte Nobelquartier am Zürichberg in eine Vierzimmer-Wohnung mit Sicht über die Dächer der Stadt und auf den See. An die Schneckenmannstraße, die wohl entsprechend meiner damaligen psychischen Situation den richtigen Namen trug. Ich war ein Schneckenmann.

Ich hatte mich noch nicht aus dem Schneckenhaus herausgewagt, das jedoch bereits nach wenigen Monaten, als ich meine Frau kennenlernte, plötzlich explodierte. Wir beschlossen zu heiraten und zu zweit den Weg weiterzugehen. Da zogen wir zusammen sinnvollerweise in die Zweierstraße in eine gemütliche Altwohnung mit farbigen Kachelöfen, die wir mit Holz heizten und die eine angenehme, natürliche Wärme verströmten. Die Türen waren aus Nussbaumholz, die Schlösser aus glänzendem Messing. Die Badewanne war freilich in der Küche untergebracht und Duschen war oft mühselig und ärgerlich. Ein Schlauch, dessen Ende die Brause bildete, war am Anfang zweiteilig mit einem Ende am Kaltwasserhahn und mit dem anderen am Warmwasserhahn angeschlossen. Es kam nicht selten vor, dass sich einer der Schlaucharme löste und ich plötzlich entweder unter eiskaltem oder fast kochend heißem Wasser stand. Ich fluchte nie wieder so oft wie damals unter der Dusche. Das WC war im Treppenhaus. Wäsche musste meine Frau in die benachbarte Wäscherei bringen. Einer der großen hohen Räume war mein Sprechzimmer, ein anderer unser Esszimmer, das zugleich als Schlafzimmer diente. Da waren noch ein kleines Kinderzimmer und ein Raum für Gruppentherapie.

Es war eng, aber trotzdem schön und forderte unsere Bescheidenheit heraus. Wir wohnten dort mit unseren kleinen Kindern drei Jahre lang wie Asylanten, bis wir das große Haus auf dem Land beziehen konnten. Von da an benützte ich die verlassene Wohnung während der folgenden dreißig Jahre weiter als Praxis. Nach Annas Tod entschloss ich mich schweren Herzens, meine langjährigen Arbeitsräume gegen das gegenwärtige kleine Büro einzutauschen. Viele Erinnerungen an Menschen, denen ich helfen durfte, an unsere ersten Ehe- und Familienjahre blieben dort zurück. Der neue Raum lag sinnvollerweise am Bleicherweg. Mein Stern schien zu verblassen. Jemand tröstete mich, bleichen hätte in früheren Zeiten glänzen bedeutet.

Ich schaute mir den ausgeschriebenen Raum an. Die Therapeutin, die ihn bis jetzt benutzte, war sehr liebenswürdig. Sie freue sich, wenn ich bereit wäre, ihn zu übernehmen, sagte sie mir. Ich begann das Zimmer in meiner Fantasie einzurichten und mich darin wohlzufühlen und zu freuen. Sie werde noch ihre Kollegin, auch eine Therapeutin, rufen, der offenbar die ganze große Wohnung gehörte und die mich vorher zuckersüß an der Türe begrüßt hatte. Sie teilte mir mit, dass der Raum für mich nicht infrage komme. Ich sei zu alt für ihr Team.

27 Alt, aber nicht nutzlos

Unter dem Titel »Alt, aber bei Weitem nicht nutzlos« berichtet die Neue Zürcher Zeitung in ihrer letzten Ausgabe über eine Ausstellung von mehr als 600 alten amerikanischen Lastwagen aus ganz Amerika in Colorado Springs. Der älteste stamme aus dem Jahr 1914. Zehntausende Anhänger alter Trucks hätten die Wagen mit kritischem Blick und fachkundigen Kommentaren begutachtet. Glänzend und protzig oder alt und verbeult zeuge jeder von seiner eigenen Geschichte. Sie kamen in Steinbrüchen zum Einsatz und transportierten Geröll und Felsblöcke, Möbel, Milch oder Coca Cola. Einer der LKWs sei einmal aus vierzig Metern Höhe in die Tiefe gestürzt und noch am gleichen Tag wieder einsatzfähig gewesen. Ein Aussteller hätte ihn zu Hause im Garten aufgestellt, weil er es nicht übers Herz brachte, ihn in einem Museum unterzubringen. Er sei übrigens von der Polizei schon angehalten worden, weil sie seinen Truck für fahruntüchtig gehalten hätten, seien dann aber eines Besseren belehrt worden. Er funktioniere trotz seiner siebzig Jahre noch tadellos. Die meisten Fahrzeuge werden, wie man liest, übrigens nicht nur ausgestellt, sondern auch gebraucht.

Der Zeitungsbericht gefiel mir. Wegen der Fahrzeuge, die zwar alt, aber keineswegs nutzlos sind. In der Straßenbahn fallen mir nämlich viele alte Leute auf. Ich entdecke mich dabei, sie nach dem Alter einzustufen, ihre Gebrechen zu studieren oder an ihnen ihre noch bleibenden Jahre abzuzählen. Zu Kaffeezeiten am Nachmittag erscheint mir die Bahnhofstraße manchmal wie eine Ausstellung alter Menschen zu sein. Oft habe ich das Gefühl, dass auch ich kritisch betrachtet und begutachtet werde: Er ist alt, aber er sieht eigentlich aus, als ob man ihn noch für etwas gebrauchen könnte.

In der Tat bin ich in der glücklichen Lage, meinen Traumberuf noch immer aufmerksam und klar auszuüben. Nützlich oder von Nutzen zu sein, sind Ausdrücke, die mir in diesem Zusammenhang nicht gefallen. Es ist vielmehr sinnvoll für die anderen und nicht zuletzt für mich, zu tun, wozu ich noch fähig bin. Das hält mich geistig lebendig und erfüllt mich. Im Alter noch einen Sinn zu spüren, macht glücklich. Ich bin also sozusagen ein glücklicher Lastwagen, auch wenn meine Glieder manchmal ächzen und schmerzen und mein Kreislauf aus dem Rhythmus gerät. Ich hoffe, dass ich noch lange nicht im Museum des Altersheims lande, obwohl ich mich bereits in einem Wohnheim der Stadt angemeldet habe, weil es erst in drei Jahren bezugsbereit sein wird. Wie klug von mir! So wie ich unsere Kinder kenne, werden sie mich einmal, wenn ich endgültig aus dem Verkehr gezogen werden muss, in einem Museum entsorgen, wo es mir möglichst gut geht.

Wie viele Lasten haben wir alten Menschen schon durch das Leben getragen? Prüfungen, Verluste, Krankheiten, nicht nur eigene, sondern auch jene lieber Angehöriger? Enttäuschungen, Misserfolge, Ungerechtigkeiten, Unversöhntes und Unverziehenes. Wie oft sind wir in Abgründe gestürzt und mussten am nächsten Tag wieder einsatzfähig sein? Wie oft wurden wir unterschätzt und als unbrauchbar abgelehnt? Dabei sind wir gar nicht so fahruntüchtig, wie man meint. Schließlich haben wir uns ein ganzes Leben lang entwickelt. Wir haben nie aufgehört und immer wieder neu angefangen. Wir haben Verbrauchtes ersetzt und erneuert. Wir haben Erfahrungen gesammelt, die Jüngeren fehlen.

Im Wald war es heute Morgen besonders schön. Die Sonne warf leuchtende Lichterbahnen in die aufsteigenden Nebel. Ich hörte den Bächen zu; dem kraftvollen Rauschen der großen und den leisen Geschichten der kleinen. Es roch nach dem gestrigen Gewitterregen nach Kräutern und Moos. Die Amseln sangen ihre Melodien und die Buchfinken trillerten ihre lustigen Lieder von den Laubdächern. Auf dem Weiher führte eine Entenmutter ihre sechsköpfige Kinderschar aus.

Als ich hörend und schauend so durch den Wald streifte, standen auf einmal zwei Mädchen vor mir. Erst- oder Zweitklässlerinnen: »Sind Sie in Eile? Könnten Sie uns helfen, Feuer zu machen? Wir schaffen es nicht!« Sie waren ganz verzweifelt. »So was! Wo wollt ihr denn das Feuer machen?« Sie führten mich auf einen kleinen Hügel, wo sie ihre Räder an einen Baum gestellt und bereits Äste und vielerlei Holz angehäuft hatten. Auf einem Papier nebenan lagen Brot und Wurst zum Braten. Sie machten traurige Gesichter. Wir machten uns auf, irgendwo an einem geschützten, trocken gebliebenen Ort Holz und Reisig zu finden. Wir brauchten viel Zeit. Es war spannend. Aber schließlich brachten wir so viel trockene Tannenzapfen und Astzeug zusammen, dass mit nur einem einzigen Streichholz ein loderndes Feuer entstand.

Die Mädchen schauten staunend in das Flammenwunder. Ihre Augen leuchteten. Sie waren glücklich. Ich ging weiter meines Weges. Ich denke, noch glücklicher als die Kinder. Als ich zurückschaute, standen sie noch immer dort. Sie winkten mir. Ich ging weiter. In den jungen Tag hinein. Alt, aber bei Weitem nicht nutzlos, dachte ich.

28 Wie kann man nur so hässlich sein?

Eigentlich ist es mir zuwider, seit Monaten über mich selbst zu schreiben. Natürlich weiß ich, dass autobiografisches Schreiben eine Form der Lebensbewältigung ist und wie eine Therapie, ein Prozess der Selbsterkenntnis, den ich manchen Hilfesuchenden selbst immer wieder empfehle. Es stellt sich mir allerdings die Frage, wie sinnvoll es ist, solche persönlichen Notizen öffentlich zu machen. Ich ging deshalb neulich in eine große Buchhandlung, um nach Autobiografien zu suchen.

Ich fand Lebensbeschreibungen von Wissenschaftlern und Schauspielern, von Frauen und Männern mit außerordentlichem und faszinierendem Schicksal. Ich las in den Erfahrungen von Politikern und anderen Persönlichkeiten, die prominent waren oder durch ihr Buch erst prominent wurden, was immer das heißen kann. Ich fand von Michael Degen: »Mein heiliges Land. Auf der Suche nach meinem verlorenen Bruder«. Von André Glucksmann: »Wut eines Kindes. Zorn eines Lebens«. Auf der Rückseite stand geschrieben: »Der Autor hat eine Bilanz seines Lebens veröffentlicht, die wie ein

Abschied klingt.« Oder von Eva Maria Neumann: »Sie nahmen mir nicht nur meine Freiheit«. Oder Jodi Picoult: »Die Wahrheit meines Vaters« und schließlich Constance Briscoe: »Wie kann man nur so hässlich sein?«.

Mein Schicksal ist weder außerordentlich noch gehöre ich zur Prominenz unserer Gesellschaft. Warum schreibe ich trotzdem? Vielleicht, um meinen unbekannten inneren Bruder in mir zu suchen, der in den Tiefen meines Unbewussten verloren ging? Oder mein beschädigtes inneres Kind, das mein Leben nicht zornig, aber schwermütig machte. Vielleicht möchte ich »Die Wahrheit über meinen Vater« finden, von dem ich gar nicht weiß, wer er wirklich war. Oder damit fertig werden, dass mir im Internat und Priesterseminar mehr als nur die Freiheit, sondern auch das Selbstwertgefühl genommen wurde. »Wie kann man nur so hässlich sein«, fragte ich mich oft, vor allem in der Pubertätszeit, in der mein Selbstwertgefühl auf null sank, weil ich mich körperlich und seelisch als Aussätzigen empfand und mich Emotionen ausgeliefert fühlte, die meinen Idealen absolut widersprachen.

Auch Autobiografien gewöhnlicher Menschen haben offenbar ihren Wert. Jedes Schicksal, auch das gewöhnliche, ist ein außerordentliches. Keines gleicht einem anderen. Und deshalb ist jedes für jeden, der Menschlichem nahe ist, von Interesse. Jeder findet in jedem einen Teil von sich selbst und kann, sich vergleichend, in den Erfahrungen und im Wesen eines anderen wie in einem Spiegel eigene Mängel und Tugenden an sich selbst entdecken. Die Erinnerungen eines Autobiografen werden in den Leserinnen und Lesern längst verlorene Lebenslandschaften neu entstehen lassen. Wenn ich also als alter Mensch auf diese selbstbiografische Weise anderen, die auf der gleichen Wegstrecke angekommen sind, helfen kann, in ihr eigenes Leben zu schauen, Vergessenes wieder ins Ganze einzuordnen, wenn sie in mir sich selbst oder ihrem Gegenteil begegnen, ist es vielleicht doch sinnvoll, mich meiner Biografie öffentlich zu stellen.

29 Im Kaffeehaus

Die Frau sitzt am runden Tischchen im Café mir gegenüber. Nicht mir zugewandt. Manchmal sieht sie aber über mich hinweg durchs Fenster hinter mir. Sie ist unruhig. Nicht bei sich, alt, knochig, eingefallen, durchsichtig. Klein und gebrechlich. Ihr Gesicht ist wie unordentlich zusammengefaltetes Pergamentpapier. Sie trägt eine weiße Strickjacke, in ihre Ohren hat sie Watte gestopft. Der schwarze Mantel hängt über der Stuhllehne. Sie trägt elegante schwarze Stöckelschuhe und einen Ehering und trinkt Rivella blau. Plötzlich steht sie auf und eilt zur Toilette und kommt gleich zielgerichtet wieder zu ihrem Tischchen zurück. Ich denke, weil sie Angst hat, es werde von jemand anderem besetzt. Sie zieht verlegen an ihrer Jacke, als ob sie sich darin verstecken möchte. Sie nippt ein klein wenig aus ihrem Glas. Eine andere Frau setzt sich zu ihr. Ob sie sich kennen? Sie nimmt ihre schwarze Tasche mit Messingschloss ganz nahe an sich, als ob sie ihr jemand nehmen möchte.

Jetzt schaut sie plötzlich zu mir hinüber. Sie fühlt sich von mir beobachtet. Mit gutem Grund. Sie gibt sich einen Ruck und setzt sich neu wie eine Statue zurecht. Erst jetzt sehe ich ihr Gesicht genauer: kalt, eingefroren, maskenhaft. Sie streicht jetzt ihr unpassend braun gefärbtes Haar zurecht. Ihr zerfaltetes Gesicht glänzt jetzt ölig im Licht der Sonne, die durchs Fenster scheint. Sie beginnt in ihrer Ledertasche zu kramen, nimmt ihren Geldbeutel hervor, zählt hastig das Geld, ängstlich, ob es noch reicht zum Zahlen. Dann steht sie auf, nimmt einen Anlauf und wankt zur Kasse.

Neben mir nimmt im selben Augenblick eine junge Dame auf dem Barhocker Platz. Sie dürfte etwa fünfunddreißig sein. Das blonde Haar von einer schwarzen Samtspange zusammengehalten. Das macht ihr blasses Gesicht streng und lässt ihre etwas hakenförmige Nase zu groß erscheinen. Sie trägt ein elegantes blaues Hosenkleid. Schwarze Schuhe mit überhohen Absätzen. Einen riesengroßen Goldring am rechten Mittelfinger mit einem merkwürdigen schwarzen viereckigen Stein. Sie unterhält sich mit einem Mann mit Krawatte und grauem Anzug. Sie trinkt einen Orangensaft und er einen Espresso. Er versucht ihr immer wieder lieb in die Augen zu schauen. Sie antwortet mit Sachlichkeit, einsilbig und nur halb interessiert. Offenbar eine geschäftliche Unterhaltung mit leichten Avancen vonseiten ihres Gesprächspartners. Ich denke, die beiden kommen von einer der Banken am Paradeplatz. Sie werden sicher in ihre Bank zurückkehren und im gewohnten Stil ihre Kunden beraten und ihnen das Geld abnehmen, von dem beide bis in Gesicht und Körperhaltung geprägt sind.

Zwei Begegnungen im Café mit Menschen. Die jungen zwar gelangweilt, jedoch fest im Sattel des Lebens. Alter ist noch kein Problem. Das Problem sind Geld und Karriere. Die Alte suchte, ungeborgen und gefährdet, im Café eine Heimat und hat keine gefunden. Sie schien mir panikartig wieder in ihre kleine Wohnung oder ins Altersheim zurückzufliehen, um morgen vielleicht einen neuen Versuch mit wahrscheinlich gleichem Ergebnis zu starten. Das Leben oder den Tod, die Bank oder das Grab vor sich zu haben, ist nämlich ein wesentlicher Unterschied. Oder vielleicht keiner?

30 Schwester Liliane

Ein- bis zweimal im Monat suche ich Schwester Liliane auf. Sie ist Logotherapeutin. Viktor Frankl ist
ihre therapeutische Leitfigur. Im Mittelpunkt seiner
Lehre und Praxis stehen weder die Freud'sche Sexualität noch die Jung'schen Archetypen, sondern der
Sinn des Lebens. Sie möchte für andere und, wie ich
spüre, auch für sich nach diesem verborgenen Sinn
suchen. Es kommt nicht von ungefähr, warum ich
gerade sie auswählte, dass sie mich durch die Wüste
begleitet. Sie hat die siebzig auch überschritten und
kennt sich aus im Älterwerden. Sie hat eine große
Therapie- und Lebenserfahrung. Sie hilft mir, zu-
rückzublicken, gegenwärtig zu sein, vorauszuschau-
en auf das, was noch auf mich zukommt. Ich bespre-
che mit ihr meine Träume, meine Gefühle, meine
Ängste und Hoffnungen. Sie hilft mir echte oder
vermeintliche Schuld zu bewältigen, macht mich jedoch noch öfter auf die Früchte an meinem Lebens-
baum aufmerksam, für die ich manchmal blind zu
sein scheine.

Schwester Liliane ist nicht unbedingt das, was
man sich unter einer Nonne gemeinhin vorstellt. Sie
ist eine Exotin unter den Ordensfrauen. In den Klös-

tern wachsen selten so originale Menschen. Sie ist Autorin eines Fachbuches für Krankenpflege, das in Millionenauflage erschienen ist, Doktor honoris causa der Universität Fribourg. Mehrmals wurde sie für ihre Altersarbeit ausgezeichnet. Sie reist durch ganz Europa, um den betagten Ordensfrauen zu helfen, in Würde alt zu werden. Sie steht mit beiden Füßen auf der Erde. Sie denkt und fühlt, nimmt wahr und erfasst Menschen intuitiv, weil sie so gut zuhören kann. Sie ist keine Intellektuelle, obwohl ihr natürlich ein lebendiger Intellekt zur Verfügung steht, vielmehr eine Lebenspraktikerin mit Weisheit, Menschenkenntnis, Humor und außerordentlicher Liebenswürdigkeit.

Ich erzählte Schwester Liliane heute einen Traum: Ich reiste mit der Bahn. Der Schaffner verlangte zum Fahrschein meine Identitätskarte. Ich suchte, fand sie aber nicht. Ich hatte sie verloren.

So, wie sie mich jetzt wahrnehme, meinte sie, sollte ich sehr bald wieder zu ihr kommen. »Wie nehmen Sie mich denn wahr?«, fragte ich sie. »In sich gekehrt, abgeschottet, desorientiert, den Faden verloren. Sie müssen Ihre Identität wiederfinden.« Ihre Bemerkung hatte es auf den Punkt gebracht. Seit mehreren Wochen hatte ich sie unter dem Vorwand nicht mehr aufgesucht, ich hätte nie etwas geträumt. In Wirklichkeit wollte ich ihr nicht zeigen, wie ausgehöhlt ich war, gar nicht da, eher tot als lebendig. Natürlich schämte ich mich dieses schäbigen Vorwandes, den ich von meinen eigenen Patienten in Phasen des Widerstandes gut genug kenne. Liliane hatte mich durchschaut:

»Rufen Sie mich heute Abend an, damit wir einen neuen Termin vereinbaren können.«

»Heute Abend?«

»Ja, heute Abend. Aber sicher!«

Ich rief sie an und heute, eine Woche später, fand unser vereinbartes Gespräch statt.

31 Eine Erinnerung

Annas Frage nach meinem verletzten inneren Kind war das Thema unseres Gesprächs, während dem sich mir unerwartet eine Szene aus der Kindheit zeigte.

Es war an einem heißen Sommertag. Ich mochte vielleicht vier oder fünf Jahre alt gewesen sein. Eltern, Geschwister und Knechte arbeiteten auf dem Feld. Sie häuften das in der Hitze duftende Heu zu langen dicken Haufen. Wir setzten uns zur Jause an ein kleines Bord. Ich roch das frische Brot, den Kase und den Speck, den die Mutter dem Korb entnahm und vor uns ausbreitete.

Als ich in die Ferne schaute, sah ich dort unter einem Baum etwas Schwarzes liegen. Ich fragte einen der Knechte, was das sein könnte. Er dachte nach und antwortete: »Das ist ein kleiner Negerknabe, der dort eingeschlafen ist.« Das war aufregend. Ein schwarzer Knabe. Wenn wir den zu uns nach Hause nehmen könnten! Dann hätte ich ein Kind zum Spielen! Dann wäre ich nicht mehr allein unter Erwachsenen. Wie wunderbar! Ich war außer mir. Ich bat den Knecht, mit mir zu kommen und das Kind zu wecken, damit wir es mit zu uns nach Hause einladen könnten. Er riet mir dringend davon ab. Man müsse es jetzt schlafen lassen. Und es komme dann später zu uns zum Nachtessen.

Aber es kam nicht. Und als ich die Tischrunde fragte, wo es wohl geblieben sein könnte, nachdem ich öfter nachgeschaut hatte, ob es nicht doch eingetroffen sei, aber vielleicht nicht wagte, zu uns hereinzukommen, lachten alle lauthals. Es gab also das Kind gar nicht. Sie hatten mich angelogen und nahezu alle machten sich lustig über mich. Eine Hoffnung war zerbrochen und zugleich das Vertrauen in die Erwachsenen, die mit mir ein so niederträchtiges Spiel gespielt hatten.

Als ich Liliane diese Geschichte erzählte, geschah, was ich nicht für möglich gehalten hätte, dass ich anfing bitterlich zu weinen und mein Schluchzen kaum unterdrücken konnte. Es war die dramatischste Therapiestunde, die ich je erlebt hatte, meine früheren Lehranalysen eingeschlossen. Der Weinkrampf erlöste und befreite mich. Ich wollte nicht mehr weitersprechen. Ich verabschiedete mich von Schwester Liliane. Sie umarmte mich. Tief bewegt ging ich zur Arbeit in meine Praxis am Bleicherweg zurück.

Ich war glücklich. Ich hatte ja die Antwort auf Annas Frage gefunden: Es waren die emotionalen Entbehrungen und das zerstörte Vertrauen zu den

Menschen und zu mir selbst, die mich in die Einsamkeit stürzten und meine Kinderseele verletzten. Ich muss jetzt von Neuem lernen, mit diesen immer noch im Stillen schmerzenden Wunden umzugehen, dass sie in meinem Alter nicht neu zu bluten beginnen und mich als Einsamen in die Vereinsamung fliehen lassen.

Ich weiß, dass das Verletzte in mir mein Leben nicht nur belastete, sondern auch bereicherte. Dass die Wunden, die ich erlitt, mein Verständnis der Wunden anderer und damit die für die Arbeit als Psychotherapeut unabdingbare Sensibilität grundgelegt haben. Ich weiß, dass letztlich die in mir unverletzten und nicht die verletzten Seiten meines inneren Kindes den Kern meiner Persönlichkeit bestimmten: Freude am Schönen, Lust am Leben, Humor, Spontaneität, Empfänglichkeit für das Gute, die Fähigkeit, andere zu verstehen und zu lieben, zu geben und zu empfangen. Das unversehrte Kind schenkt mir die Gabe, sensibel für das Unsichtbare zu sein und mich von ihm faszinieren zu lassen. Es führt mich immer wieder in die Nähe zum Himmel, wo es herkommt, und öffnet mir die Welt der Spiritualität.

32 Das Bilderbuch meiner Seele

Meine Seele äußert sich in Gedanken und Bildern. Die Gedanken kommen vom Kopf. Die Bilder aus der Tiefe des Unbewussten. Sie überfallen mich manchmal als Fantasien. Sie fügen sich oft wie in einem Film zu Erinnerungen zusammen und lassen Vergangenes lebendig werden. Ich sehe mich am ersten Schultag auf dem Weg durch die blühenden Felder zum Schulhaus gehen. Der erste Abschied von zu Hause in eine mir fremde Welt. – Ich bin in der Mathematikmatura mit meinem Lehrer, der mich nie mochte und es verstand, mich immer wieder vor der Klasse bloßzustellen. Ich spüre die panische Angst, durchzufallen, und erlebe das Wunder, dass er mir die einfachstmögliche Aufgabe stellt, die ich mit Leichtigkeit lösen kann. – Ich bin als Praktikant in der psychiatrischen Klinik, sehe einen Patienten im langen Gang, auf dem Stuhl sitzend, gestikulieren und mit lauter Stimme Selbstgespräche führen. Im Hintergrund aus dem großen Saal dringen Schreie an meine Ohren.

Träume zeigen mir Bilder und Ereignisse aus tieferen Schichten der unbewussten Seele. In Träumen erlebe ich unbekannte Landschaften, Menschen, die ich noch nie gesehen habe, liebliche Wesen und scheußliche Ungeheuer, begegne verstorbenen Freunden und längst vergessenen Bekannten. Das Unbewusste ist voll von Bildern, in denen Gefühle und Ahnungen Gesichter bekommen und längst Verdrängtes ans Tageslicht dringt. Es lässt mich Schmerzen und Glückserlebnisse, die es in seinen Kammern in Bildern speichert, neu erleben. Das Unbewusste zeigt mir in ganzen Bildfolgen, was mich prägte und formte und zu dem machte, der ich jetzt bin.

Aber wer bin ich denn? Werde ich einmal herausfinden, wer ich bin? Wohl kaum. Ich werde mir für immer ein Geheimnis bleiben. Vielleicht deshalb, weil wir Menschen nach dem Ebenbild Gottes geschaffen sind, der das unergründlichste aller Geheimnisse ist. Ich werde wohl in bloßen Ahnungen von dem stecken bleiben, wer ich wirklich bin. Das entbindet mich jedoch nicht davon, mich immer wieder mit mir selbst auseinanderzusetzen. Ich lasse mich von meinen inneren Bildern führen. Sie zeigen mir den Weg zu einem sinnvolleren Alltag und warnen mich vor Irrwegen und Abgründen. Sie zeigen mir Unverarbeitetes, um es zu verarbeiten, Verletztes, um es zu heilen. Diese inneren Bilder sind nicht nur die Brücke zwischen Bewusstem und Unbewusstem, sondern auch zur Welt des Transzendenten.

In traumlosen Zeiten sind mir Imaginationen eine wichtige Hilfe. Sie sind noch wirksamer als Träume, weil ich bei vollem Bewusstsein in ihren Ablauf eingreifen kann, was mir in Nachtträumen nicht möglich ist. C.G. Jung schreibt: »Bei der Imagination kommt es darauf an, dass Sie mit irgendeinem Bild beginnen ... Betrachten Sie es und beobachten Sie es genau, wie es sich zu entfalten oder zu verändern beginnt. Vermeiden Sie es, es in eine bestimmte Form zu bringen, tun Sie einfach nichts anderes, als beobachten, welche Wandlungen spontan auftreten ... Schließlich müssen Sie selbst in das Bild hineingehen. Kommt eine Figur vor, die spricht, dann sagen Sie, was Sie zu sagen haben, und hören Sie auf das, was er oder sie zu sagen hat.« Uwe Böschemeyer ergänzt: »Nur wer sich den inneren Bildern öffnet, dem erschließen sie sich. Nur wer es wagt, ihnen zu vertrauen, dem zeigen sie die innere Wirklichkeit. Nur wer neue Erfahrungen sucht, dem weitet sich die innere Welt. Nur wer tut, was sie ihm sagen, begegnet ihrer Leben verwandelnden Kraft.«

Böschemeyer entwickelte aufgrund der Logotherapie Frankls die wertorientierte Imaginationstechnik. »Wertimaginationen sind bewusste Wanderungen zu den Quellen der Wertgefühle und

Gefühlskräfte. Sie intendieren primär die spezifisch humanen Werte, zum Beispiel den Mut, die Liebe, die Freiheit. Zentrum der Wertimaginationen ist die Beziehung zu den hilfreichen unbewussten Gestalten, die Selbst- und Sinnverwirklichung fördern.« Zu diesen Gestalten gehört auch das innere Kind, bei dem wir das unversehrte und das verletzte unterscheiden müssen. Ich werde aufgrund von Annas Frage, was denn in der Kindheit an mir Verletzendes geschehen sein könnte, in den kommenden Tagen imaginativ nach meinem verletzten inneren Kind suchen. Ungewiss, ob es sich mir zeigen wird oder ob ich eine Weisung erhalte, wo es zu finden ist.

33 Die Suche nach dem inneren Kind

Ich setze mich heute in die Bibliothek. Sie ist gegenwärtig auch meine Schreibstube. Hier verbringe ich jeweils meine Minuten der Stille. Bücher, ein schwarzer Flügel, an dem sich Christa als Kind auf ihr Konzertdiplom vorbereitete, ein Schreibtisch und zwei bequeme Sessel füllen den Raum. Vor dem Fenster der alte Birnbaum, der mir immer wieder neue Geschichten erzählt. Ich setze mich, schließe die Augen und versuche, mich zu entspannen.

Ich lasse Gedanken, Probleme und Bilder an meinen inneren Augen vorbeiziehen, schaue sie an und lasse sie wieder los. Ich spüre einen freieren Kopf, höre die Geräusche, die meine Ohren berühren und achte auf den gleichmäßigen Rhythmus des Atems. Jeder Atemzug macht die inneren Räume weiter und freier. Ich fühle mich in den Körper hinein, nehme ihn wahr, um aus dem Bewusstsein des Augenblicks die Wanderung in meine Seele zu beginnen, indem ich zunächst einen Horizont vor mir entstehen lasse und schließlich versuche, ihm entgegenzugehen. Ich möchte mein inneres Kind finden.

Ich sehe von einer Anhöhe aus eine mir fremde Landschaft. Weit entfernt schneebedecktes Gebirge hinter vorgelagerten sanften, bewaldeten Hügeln. Ich fühle mich verlassen und verloren und weiß nicht, wo ich bin, wie ich hierherkam und was ich hier soll. Die Hügel und Täler unter mir sind mit einem bläulich durchsichtigen Dunstschleier zugedeckt. Es ist Herbst. Der Abend dämmert. Es wird Nacht. Ich friere. Ich bin traurig. Es scheint, dass ich aus einem offenen Fenster schaue und in einem Haus bin, das ich nicht kenne.

Auf einmal schwebe ich als Gleitflieger durch die Luft und fliege langsam an Bergen, an schroffen Felswänden vorbei, über tiefe Täler und durch enge Schluchten, aus denen ich das Wasser tosen höre. Ich habe Angst, bei einbrechender Nacht allein über dieses fremde Land zu fliegen. Meine Verlorenheit nimmt bedrohliche Formen an. Ich muss einen Landeplatz finden, aber ich sehe keine Möglichkeit. Als ich endlich festen Boden unter den Füßen habe, schaue ich mich um und erblicke nicht weit entfernt ein kleines, schmuckes Bergbauernhaus. Der Bauer tritt gerade mit einer Laterne in der Hand aus der Scheune, wo er offenbar sein Vieh im Stroh zur Ruhe gebettet hatte. Ich bin glücklich. Wieder unter Menschen! Ich nähere mich dem Haus und erkenne zu meiner großen Überraschung Annas Elternhaus. In diesem Augenblick verdichten sich die Bilder in ein Erlebnis, das mich weit in vergangene Jahre zurückführt.

Es ist dunkel. Ich liege in einer kleinen Dachkammer dieses Hauses im Bett und versuche vergeblich zu schlafen. Heilige Stille herrscht. Dann und wann ein Krachen im Gebälk. Durch das offene Fenster schreit der Uhu seine Brunstrufe. Die Kühle der Frühlingsnacht streift mein Gesicht. Ich rieche den Duft der taunassen Bergblumen. Ein Bach rauscht. Von ferne Motorengeräusche. Ich sehe von ganz weit weg die Lichter, die sich im Vierwaldstättersee spiegeln. In der Kammer nebenan hat sich Anna schlafen gelegt. Eine dünne Holzwand trennt uns voneinander. Wir dürfen nicht im gleichen Zimmer schlafen, weil wir noch nicht verheiratet sind. Das würde Annas Familie provozieren. Es waren zwei Königskinder, die hatten einander so lieb ...

Auf einmal ächzt der Holzboden. Die Türe knarrt. Anna schlüpft zu mir unter die Decke. Ich spüre mit geschlossenen Augen nur mehr ihre Haut an meiner Haut. Die Schönheit und Wärme ihres Körpers und die Anmut ihrer Seele. Eine innige Verschmelzung von Leib, Seele und Geist. Dass wir die Stille nicht brechen dürfen und das Bett seltsame Seufzer von sich gibt, lässt uns noch näher rücken und steigert unsere Zärtlichkeit. Sehnsucht erfüllt sich. Heimat. Ich bin zu Hause angekommen.

Habe ich das innere Kind gefunden? Ich denke, ja. Und zwar das verletzte, das sich in der Landschaft, in die es hineingeboren wurde, fremd vorkommt. Fremd und unbehaust schon im Mutterschoß, wo es nicht hätte sein dürfen, weil es lebensbedrohlich war, und sich fragt: Was soll ich denn hier in dieser Welt?

Ist es dieses frühkindliche dunkle Gefühl, eigentlich gar nicht da sein zu dürfen, das letztlich hinter der Orientierungs- und Sinnlosigkeit steckte, die mich durch die Schul-, Internats- und Hochschulzeit begleitete? Ich hatte oft das Gefühl, ich fliege ohne jeden festen Grund unter den Füßen. Oder vielmehr ich werde geflogen, ohne zu wissen, wohin. In Innsbruck fand ich endlich den beruflichen Landeplatz. Aber noch nicht den letzten Sinn. Den schenkte mir erst das Wunder der Liebe, durch die ich wie in ein neues Leben hineingeboren wurde, von dem ich nie zu träumen gewagt hätte.

Es wird mir erst jetzt so ganz bewusst, was mir meine Frau mit ihrer Liebe schenkte und was ich bei ihrem Tod vor jetzt achtzehn Jahren wieder verlor. Die Gefahr war damals groß, von Neuem in Orientierungs- und Sinnlosigkeit zu versinken. Ich konnte mich mit knapper Not retten. Im Alter wird sie jedoch wieder bedrohlicher. Ich muss auf der Hut sein und mich wappnen. Am besten wäre es, wenn es mir gelänge, das Übel an der Wurzel zu fassen und das verletzte Kind zu heilen.

34 In der Krypta

Als ich erwachte und zum Fenster hinausschaute, sah ich nur Nebel. Die Bäume waren verhüllt und schwere Regentropfen fielen von den Ästen. Aber in meinem Inneren schien die Sonne. Es ist alles leichter in mir als in den letzten Tagen. Die Lasten der vergangenen Wochen waren von mir abgefallen. Manchmal komme ich mir vor wie Elias auf dem Weg durch die Wüste. Er jammerte: »Es ist genug. Ich bin am Ende. Nimm mein Leben hin.« Er legte sich unter den Ginsterstrauch und schlief ein. Da berührte ihn ein Engel und sagte: »Steh auf und iss.« Er sah am Kopfende einen Krug mit Wasser und Kuchen stehen. Er aß und trank und legte sich von Neuem hin. Da berührte ihn der Engel nochmals: »Steh auf und iss. Dein Weg ist noch weit.« Dann stand er gestärkt auf und ging vierzig Tage und Nächte mit neuer Kraft zum Berg Horeb, wo ihm Gott im Säuseln des Windes begegnete.

Begegnete mir ein Engel in der Nacht? Die Begegnungen mit Engeln sind bei jedem Menschen anders. Meistens sind es nicht Kuchen und Wasser, die uns stärken, sondern ein Gedanke, ein Traum oder die inneren Bilder einer Imagination. Deshalb versuchte ich heute, mein verletztes inneres Kind imaginativ zu finden. Es wollte mir zunächst nicht gelingen. Alles war dunkel. Verworrene Eindrücke aus Vergangenem und Gegenwärtigem mischten sich durcheinander, bis ich mich endlich ganz klar auf einer endlos langen und schnurgeraden Straße gehen sah, die sich am Horizont verlor. Es schien mir eine öde Landschaft in Spanien zu sein, wo ich vor Kurzem Ferien machte. Ich verschmolz schließlich mit meiner Imaginationsfigur. Ich ging und ging. Resigniert, da sich weit und breit kein Ziel zeigte.

Endlich entdeckte ich einen alten Bauernhof. Ich bog in den schmalen Seitenweg ein, der zum Gebäude führte. Kein Mensch war da und kein Vieh. Der Hof schien verlassen zu sein. Ein Tor stand offen. Ich ging vorsichtig und etwas zaghaft hinein, tastete mich im Dunkel eine Stiege hinunter und gelangte in einen gewölbten Raum, der mich an die Krypta einer romanischen Kirche erinnerte. Durch ein Fenster in der dicken Mauer fiel ein Sonnenstrahl auf ein kleines Kind, das ganz allein auf dem Boden im Sand spielte. Ich schaute dem einsamen Verlassenen betroffen zu. Spielend weinte es leise vor sich hin. Nach einer Weile nahm ich es in die Arme und liebkoste es. Es wehrte sich zunächst, beruhigte sich und genoss schließlich meine Zärtlichkeiten. Nun wusste ich, dass es mein eigenes verletztes Kind war.

Das Kind in den Armen ging ich durch einen langen Gang. Er war wie einer der endlosen Klausurgänge eines Klosters. Ein Mönch ging uns in großem Abstand voraus, verschwand dann aber hinter einer der vielen Türen in seiner Zelle. Er war ein Wegweiser zu einem heiligen Ort. Ich ging immer weiter. Es wurde dunkel, sodass ich unsicher wurde, ob ich nicht doch umkehren sollte. Als ich die dunkelste Strecke zurückgelegt hatte, wurde es heller und heller. Ich gelangte in einen riesigen Raum, von belebendem Licht erleuchtet. Ich sah lauter faszinierende menschliche Lichtgestalten. In ihrer Mitte saß Jesus auf einer Bank, so als ob er mich erwartet hätte. Er schaute mich einladend an und gab mir ein Zeichen, zu ihm zu kommen. Ich wusste nicht, wie mir geschah. Ich reichte ihm mein Kind, und er nahm es in seine Arme. Die anderen Gestalten waren durch das Licht nur verschwommen wahrzunehmen. Ich glaubte jedoch deutlich das Gesicht meiner Frau zu sehen, die mir zulächelte. Auf der anderen Seite, undeutlicher, meine Eltern.

Seltsam berührte mich heute im Zusammenhang mit meinem Imaginationserlebnis die Predigt unseres Pfarrers. Er sprach über die Kinder. Er bezog sich auf den Matthäusbericht über die Begegnung

Jesu mit Kindern und dass er sie berührte und in seine Arme nahm.

Die drei Ereignisse, die Begegnung in der Krypta mit dem verletzten Kind, jene mit Jesus, mit Anna und meinen Eltern im heiligen Raum und der überraschend mir zugefallene biblische Hinweis in der nachträglichen Sonntagspredigt, stärkten mich und machten mich glücklich. Der Weg zum verlassenen Kind war zwar lang und ermüdend. Schließlich durfte ich es tröstend an mir bergen und ihm etwas von dem geben, was ihm versagt worden war. Seine vollständige Heilung jedoch vollzieht sich offenbar dann, wenn ich es, loslassend, Gottes Armen anvertraue. Die Heilung meines verletzten Kindes ist letztlich ein spirituelles Ereignis.

35 Auf dem Friedhof

Vor drei Wochen bin ich von einem mehrtägigen Krankenhausaufenthalt, den mir der Arzt notfallmäßig verordnet hatte, zurückgekehrt. Jetzt liegt sein Bericht vor mir auf dem Schreibtisch: »Siebenundsiebzigjähriger Patient in äußerlich gutem Zustand. Erscheinung und Habitus altersgemäß unauffällig. Diagnose: generalisierte Arteriosklerose mit koronarer Herzkrankheit und kardiovaskulären Risikofaktoren.« Punkt. Wozu mir der Arzt zusätzlich mündlich dringend geraten hatte, dass ich nämlich meine Praxis aufgeben und mein Buchprojekt vergessen solle, steht nicht in diesem Bericht. Ich hatte den Vorschlag ohnehin als unannehmbar in den Wind geschlagen. Ich sehe mich allerdings aufgefordert, mir endlich zuzugestehen, dass ich alt bin und dass ich mir all der altersgemäßen Einschränkungen, Perspektiven und Gefahren bewusst werde und sie annehme. Ich muss lernen, damit zu leben. Gott weiß, wie lange noch.

Es ist September geworden. Das Jahr neigt sich zum Ende. Die Nächte werden lang und kühl. Die Kraft der Sonne ist gebrochen. Ihre Strahlen werfen lange

Schatten. Am Birnbaum fallen die gelben Früchte wie Tropfen von den Ästen. Es riecht nach frischer Erde. Himmel und Erde gehen in der Ferne nahtlos ineinander über. Kirchtürme, Hügel und Berge verlieren ihre Umrisse im blauen Dunst.

Der September mahnt uns liebevoll, uns zu wappnen für den Tag des Abschieds, den uns der November rücksichtslos bescheren wird. Er beschwichtigt uns zwar, es werde sich alles ganz natürlich entwickeln. Er zeigt uns tröstend unsere Früchte, wirft Dunst und Schleier über Schuld und Sünde und verbirgt, was hart und gegensätzlich ist. Er lässt uns still werden und besinnlich und öffnet Wege zum anderen und zu uns selbst. Er will die Angst von uns nehmen, in der wir oftmals bangen, bereitet jedoch die Nacht mit sanfter Dämmerung vor. Er streut uns Schönheit in die Augen, um sie müde und schläfrig zu machen. Er bemüht sich, uns mild und hoffnungsvoll zu stimmen, obwohl er heimlich Blumen für unsere Gräber sammelt.

Ich ging in den vergangenen Tagen öfter auf den Friedhof. Ich las die Namen der Begrabenen. An einige erinnerte ich mich und sah sie lebendig vor mir. Ich schaute mir den Grabschmuck an. Die meisten Gräber waren mit Begonien bepflanzt. Das gefiel mir nicht. Mir schien, diese Einheitsbekleidung löse das Persönliche jedes Verstorbenen in Anonymität auf. Auf einigen Grabhügeln lagen Steine. Ich spürte die liebevollen Hände, die sie angeordnet hatten.

Seither habe ich begonnen, auf meinen Spaziergängen durch Wälder und über Felder Steine zu sammeln, um Annas Grab neu zu gestalten. Ich suchte sie in Bachbetten oder an seichten Flussläufen. Solche mit ausgefallenen Farben und bizarren Formen. Schwarze, braune, graue, kantige oder fein geschliffene mit seltsam skurrilen Zeichnungen. Mit Figuren, Gesichtern, Totenköpfen, Frauen- oder Männergestalten und Tieren. Von verschiedenen Seiten betrachtet gaben sie immer neue Geheimnisse preis. Vielleicht provozierten sie Projektionen meiner inneren Seelenbilder?

Manchmal waren meine Rocktaschen prall gefüllt und der Rucksack war schwer und drückend. Ich empfand sie manchmal als Symbole des Schweren, das uns zeitweilig auf unserem Weg beinahe bis zur Erschöpfung belastet. Aber ich freute mich, sie zu Hause auszuschütten, anzuschauen und die schönsten auszuwählen. Einige sortierte ich aus, weil sie so nichtssagend waren, fügte sie jedoch später wieder dazu, weil ich mir dachte, dass sich auch hinter dem nichtssagenden Vordergrund eine lebendige Geschichte verbergen kann. Das gilt für Steine genauso wie für Menschen. Ich betrachtete Stein um Stein und dachte an die vielen Jahrtausende, in denen sie auf einem langen Weg ihre Form fanden, und wie sie aus dem Unendlichen hierher in die Gegenwart geschwemmt wurden. Jeder an seinen Platz, wo ich ihn fand. Schließlich fuhr ich heute zum Friedhof.

Zuerst räumte ich die verdorrten Pflanzen weg und begann, die Oberfläche wie ein Mosaik mit meinen Steinen zu bedecken. Die schönen abwechselnd mit den weniger schönen, die runden mit den eckigen, dass sich Ecken und Kanten durch die Vollkommenheit der runden ausglichen. Ein Symbol unseres gemeinsamen und individuellen Lebensweges. Hatten wir uns doch dort abgeholt, wo uns Geburt oder Schicksal angeschwemmt hatte. Beide mit Kanten und Ecken, die wir aneinander abschliffen. Eine kleine Muschel, die wir vor vielen Jahren am Meer gefunden hatten, legte ich in die Mitte: in der Muschel der Zeit die Perle der Ewigkeit. Bevor ich den Friedhof verließ, schaute ich nochmals zurück, um den Ort zu suchen, wo sich schon bald mein eigenes Grab öffnen könnte.

36 Abgeschrieben

Es hat in der Nacht zum ersten Mal geschneit. Gestern fegte der Sturm die braun vergilbten Blätter in wilden Böen von den Bäumen und wirbelte sie durch die Luft. Ich liebe Herbststürme, wenn sie ihre elementare Kraft entfesseln und in ihren Tobsuchtsanfällen um die Hausecken heulen.

Mein Herzspezialist riet mir, wie früher festgestellt, meine Praxis aufzugeben. Ich entschloss mich aber, sie lediglich zu reduzieren. Indessen muss ich sie nicht reduzieren. Sie reduziert sich von selbst. Es hat sich nämlich seit meinem Krankenhausaufenthalt vor Monaten niemand mehr angemeldet. Keine Telefonanrufe zu erhalten und wochenweise nur Prospekte, Bettelbriefe und Rechnungen im Briefkasten zu finden, beunruhigt, um nicht einzugestehen, beleidigt mich. Ich erinnere mich meines verehrten, früher erwähnten freundschaftlichen Begleiters Rudin, der mich eines Tages, er war damals in meinem gegenwärtigen Alter, anrief und mich bat, ihm doch während eines Tages in der Woche einen meiner Arbeitsräume zur Verfügung zu stellen. Er sei gezwungen, sein eigenes Büro mangels neuer Anmeldungen zu schließen. Traurig bemerkte er, er sei nicht mehr gefragt und abgeschrieben. Ich konnte ihm den Wunsch nicht mehr erfüllen. Er starb wenige Tage nach unserem Gespräch.

Es fällt uns schwer, unsere Aufgabe zu verlieren. Wir waren zu lange Zeit als die Erfahrenen, die Menschenkenner, die »Heiler«, Tröster in Trauer und sicheren Wegbegleiter im Dunkel der Ängste geschätzt und verehrt. Sind wir der Gefahr erlegen, uns zu sehr durch unseren Beruf zu definieren, sodass wir uns jetzt wehrlos der Frage ausgeliefert fühlen, wer wir noch sind, wenn wir nichts mehr sind? Aber wir waren ja nicht »nur« Psychotherapeuten. Wir waren auch Menschen und sind es geblieben. Unser Menschsein mit Menschen war doch das Geheimnis unserer therapeutischen Erfolge.

Ohne Beruf sind wir jetzt gefordert, uns in unserer Nacktheit der Schätze unserer Persönlichkeit neu bewusst zu werden und sie zu pflegen. Ich darf mich nicht auf das konzentrieren, was mir im Alter genommen wird, sondern auf all das, was mir an Wertvollem bleibt. Ich will mich zum Beispiel, was in der Vergangenheit neben vielem anderen zu kurz kam, meinem Leib zuwenden, in dem ich seit nunmehr bald achtzig Jahren zu Hause bin. Ich will ihn vermehrt pflegen, baden und salben. Er ist mir lieb und teuer. Manchmal hat er mir zwar Schmerzen bereitet. Er schenkte mir aber mit seinen Händen, seinen Augen, Ohren und Füßen und seiner ganzen Sinnenhaftigkeit wunderbare Erlebnisse, die mein Leben reich und glücklich machten.

Zu all dem Wertvollen, das mir bleibt, gehören auch unsere Kinder und Enkelkinder, die ich umarmen darf und die mich lieben. Dazu gehören meine lieben Freunde und Verwandten, für die ich jetzt vermehrt Zeit finden werde. Ich werde Gäste an meinen großen vereinsamten Tisch einladen und aus meinem während der letzten Jahre zum Ghetto verkommenen Haus ausbrechen. Ich werde mir neue Klamotten kaufen und die alten in die seit Langem aufbewahrten Plastiksäcke der Kleidersammlung füllen. Ich werde mir den Tisch noch schöner decken beim Essen. Mit dem schönsten Geschirr, mit Blumen, einer Kerze, einer Flasche Wein und dabei schöne Musik genießen. Dann ist mir wohl, und alles ist gut. Ganz so, wie es der altbiblische Autor Kohelet im Buch der Prediger empfiehlt, auch wenn mir die Möglichkeit, der letzten Empfehlung nachzukommen, schicksalhaft verwehrt bleibt:

»Iss freudig dein Brot und trink vergnügt deinen Wein. Trag jederzeit frische Kleider, und nie fehle duftendes Öl auf deinem Haupt. Mit einer Frau, die du liebst, genieße das Leben, all deine Tage ...«

37 Über das Sterben

Ein guter Freund, um einige Jahre jünger als ich und Arzt, konnte es nicht lassen, mich immer wieder mit demselben Thema zu nerven: »Du lebst zu einsam. Willst du nicht endlich eine neue Beziehung eingehen? Das Leben macht so, wie du lebst, doch keinen Spaß.« Ich versuchte der dauernden lästigen Fragerei ein Ende zu machen: »Ich bin alt und sterbe bald«, obwohl ich damals noch zehn Jahre jünger war als heute. Er: »Dann musst du dir eben eine Sterbebegleiterin suchen!« Das war der letzte gute Rat, den er mir gab. Kurze Zeit nachher starb er selbst. An einem Herzschlag bei einem Spaziergang auf seiner geliebten griechischen Ferieninsel. Und ich lebe. Noch immer ohne Sterbebegleiterin.

Ich werde manchmal gefragt, ob ich Angst vor dem Sterben habe. Ich weiß, dass Sterben keine Wellnesskur sein wird. Ich habe drei Geschwister sterben sehen. Mein Bruder starb an einem Herzversagen, meine jüngere Schwester an Brustkrebs. Die älteste Schwester starb am Morbus Hotschkin. Es war furchtbar. Mein Vater starb an Speiseröhrenkrebs und meine Mutter sechs Jahre nach ihrem Hirnschlag, ohne je wieder gehen noch schreiben noch sprechen gelernt zu haben. Dennoch waren diese Jahre für sie eine Zeit, in der sie durch viele spannende Ereignisse und glückliche Begegnungen zur letzten Vollendung reifte. Die Schweiz ist indessen zum Gelobten Land für die sogenannte Sterbehilfe geworden. Soll man die letzte Phase des Weges verunmöglichen? Gehören die letzten Schritte vor dem Gipfel vielleicht nicht nur zu den schwersten, sondern auch zu den wichtigsten?

Mahatma Gandhi schreibt: »Wenn ich mich schlafen lege, sterbe ich, und wenn ich am Morgen aufwache, bin ich neu geboren.« Es ist jedoch meistens so, dass ich, wenn ich mich schlafen lege, nicht gleich einschlafe. Einschlafen und Sterben sind ein Prozess. Nur ist das Letztere meistens schmerzlicher als das Erste. Dennoch heißt es in vielen Todesanzeigen, dass Verstorbene friedlich eingeschlafen seien. Der eigentliche Schlaf ist der Tod, in dem ich erst in ein neues Leben hinein erwache. Ich spüre in letzter Zeit deutlich, dass ich schläfriger werde und sich der Abend ankündigt. Wenn es Zeit wird, mich schlafen zu legen, wird der Morgen meine Hoffnung sein. Dann werde ich mich auf das Tor freuen, durch das mir die Stadt der Lichter entgegenleuchtet.

Mitch Albom hat in seinem Buch »Dienstags bei Morrie« das langsame Sterben seines verehrten und geliebten alten Lehrers berührend und zum Teil erschütternd geschildert. Er begann Ärzte aufzusuchen. Viele Ärzte. Sie testeten sein Blut. Sie testeten seinen Urin. Sie schoben ein Mikroskop in seinen After und sahen sich seine Gedärme von innen an. Als er eines Tages den Wagen rückwärts aus der Garage fuhr, schaffte er es kaum, auf die Bremse zu treten. Als er einmal seine übliche Runde schwimmen wollte, entdeckte er, dass er sich nicht mehr allein anziehen konnte. Im Umkleideraum taten die anderen Schwimmer so, als würden sie ihn nicht anstarren. Aber sie taten es trotzdem. Das war das Ende seiner Privatsphäre. Eines Tages, als er schon den Gehstock benutzte, trat er auf den Bordstein und fiel auf die Straße. Der Stock wurde gegen einen Laufstuhl eingetauscht. Als sein Körper immer schwächer wurde, wurde das Hin und Her zum Badezimmer zu anstrengend, deshalb begann er, in ein großes Becherglas zu urinieren. Er wurde so schwach, dass ihm jemand das Becherglas halten musste, während er es füllte. Die wachsende Abhängigkeit von anderen Menschen machte ihm in seinem schleichenden Zerfall am meisten Angst: »Eines Tages, in naher Zukunft, wird mir jemand den Hintern abwischen müssen ...«

Der Weg des Sterbens kann unendlich mühsam und demütigend sein. Dennoch will ich versuchen, das Sterben zu meinem letzten großen Projekt zu machen, zum zentralen Aspekt der Zeit des ungewöhnlichsten Abschnittes auf meinem Wege. Ich versuche es. Ich weiß nicht, ob es mir bis zum Ende gelingen wird. Was das Jetzt betrifft, möchte ich mich keinesfalls vom Leben zurückziehen und auch im Angesicht des Todes mit Mut, mit Humor, mit Gelassenheit und Würde aufrecht dem großen Tor entgegengehen. Ich versuche es. Ich weiß nicht, ob es mir gelingt. Wenn ich auch am Morgen manchmal weine und mein Alter betrauere oder wütend und bitter bin, versuche ich, mich aufzurichten. Ich möchte Sterben und Tod als Schule der Demut anerkennen. Auch wenn ich nicht mehr so lebendig bin wie früher oder noch vor einem Jahr, ich bin noch nicht tot und werde mich nicht als lebende Leiche darstellen.

Ich versuche, so zu sein, wie es mir möglich ist, Liebe auszuteilen und dankbar entgegenzunehmen. Ich möchte jeden Tag dankbar sein für meine Berufung, den Menschen in der Not nahe zu sein und sie im Dunkel mit einem Licht begleiten zu dürfen. Ich möchte mich des Guten erinnern, das mir widerfahren ist, und mich mit Menschen versöhnen, die mir wehtaten und über die ich vielleicht ungerecht urteilte. Letztlich mit mir selbst und mit allem, was ich mir bis jetzt nicht verzeihen konnte. Ich möchte jeden Tag nutzen, für das Geschenk unserer Familie zu danken und für die guten Freunde, die uns zur Seite standen. Ich weiß, dass ich vieles loslassen muss, was mir lieb ist, und dass ich Menschen zurücklassen werde, die den Schmerz ertragen müssen, mich zu verlieren. Ich werde von unserem schönen Haus und seinen Geschichten Abschied nehmen müssen. Wir bauten es, als ob wir ewig darin leben könnten. Letztlich waren wir hier nur zur Miete und die Kündigung steht bevor. Die Kinder werden es verkaufen. Es ist gut so. Im Reich des Vaters hat es viele noch schönere Wohnungen, die auf uns warten. Im Angesicht von Sterben und Tod bin ich froh, ein Christ zu sein.

38 Depression

In meiner Stube hängt eine Uhr. Sie ist alt. Sie hat ein langes, frei schwebendes Pendel, das gemächlich und beruhigend hin- und herschwingt. An seinen Seiten hängen an dünnen Ketten zwei metallene Tannenzapfen, Gewichte, die das Uhrwerk und das Schlagwerk betreiben. Das Zifferblatt trägt römische Zahlen. An jeder der vier Ecken ist eine rote Rose gemalt. Und den halbmondförmigen Aufsatz ziert eine romantische Landschaft mit Wäldern und einem See und mit einem Schloss in der Ferne. Ihr überall hörbarer Stundenschlag tönt heiser und gebrechlich im Gegensatz zur anderen Uhr auf der Galerie, die jede Viertelstunde mit ihrem sonoren Klang das Haus mit Feierlichkeit erfüllt.

Die alte Uhr ist sehr empfindlich. Wenn sie sich am falschen Ort berührt fühlt, schweigt sie tagelang. Ich liebe sie ganz besonders. Sie hat eine Seele. Sie erfordert meine Aufmerksamkeit, weil ich sie zur gegebenen Zeit aufziehen muss. Sie ist ein lebendiges Wesen für mich, wie Hund und Katze, die ich zwar nicht aufziehen, aber ihnen zur richtigen Zeit zu fressen geben muss. Heute fiel mir beim Frühstück ihr regelmäßiges Ticken auf, das ich meistens gar nicht beachte. Sie wollte mich heute laut und eindringlich darauf aufmerksam machen, dass mein Leben begrenzt ist, sie mich mit jedem Tick-Tack unwiderruflich meinem Ende entgegentreibt. Ich überlegte mir, ob ich sie anhalten soll. Aber ich ließ es. Ich kann die Zeit nicht aufhalten. Ich erinnerte mich an die Worte, die ich eines Tages in Annas Tagebuch fand:

Irgendwann bleibt nichts
von dir auf Erden,
vielleicht die Erinnerung an deine Augen,
dein Lachen, deine Hände, in den Herzen
der Menschen, die dich liebten.
Liebe die Stille,
höre das Rieseln des Sandes
in deiner Lebensuhr,
damit du nicht erschrickst,
wenn die letzten Sandkörner fallen.

Das sind die immer wiederkehrenden Momente, in denen mich vor allem seit der Diagnose meines Herzspezialisten Traurigkeit zu bedrohen beginnt. Dann muss ich versuchen, mich abzulenken. Manchmal gelingt es, manchmal nicht. Dann ist die Freude am Brot und am Wein nirgends mehr. Dann bin ich nicht in der Lage, mir frische Kleider anzuziehen oder den Duft des Öls auf meiner Haut zur riechen. Traurigkeit kann sich in eine massive Depression verwandeln, die meine Hoffnungen und den Sinn meines Alters zuschüttet. Oder vielleicht ist es umgekehrt? Die zeitweilige Hoffnungs- oder Sinnlosigkeit meines Alters öffnet mir den Abgrund in die Depression. Dann erlöscht die Lichterstadt. Ihr Tor verwandelt sich in ein gähnendes Loch. Alles endet in diesem trostlosen Ende. Ich kann Kreuzworträtsel lösen, in die Altersuniversität flüchten, ins Fitnesszentrum rennen, Kreuzfahrten buchen, in Kunstmuseen Gemälde und Skulpturen anschauen. Es ändert nichts daran, dass mit jeder Stunde die große Flutwelle näher rückt, die mich eines Tages verschlucken wird. In solch weglosen Wüsteneien versinken die Pfeiler der Hoffnung, auf die ich einmal baute und von denen ich alten Menschen in Vorträgen und Seminaren erzählte. Erlebte Oasen sind wie Träume, die sich nicht erfüllen. Kein Abendrot am Himmel. Keine Sterne in der Nacht. Keine Zeichen auf den Dünen und kein Regen, der Blumenfelder in die Wüste zaubert.

Heute ist so ein Tag. Ich verbiete mir jedoch den Griff in die Tablettenschachtel. Ich will mit mir auf andere Weise ins Reine kommen. Ich suche meinen Meditationsraum auf. Er ist eine bergende Höhle, die mich wie ein unsichtbarer Mensch umarmt. Wir nannten ihn in der Tat Höhle, weil wir dort im Winter, wenn draußen Kälte herrschte und es schneite, am Kaminfeuer frühstückten oder nachmittags Kaffee tranken.

Es ist jetzt Februar. Draußen ist es eisig kalt, aber es liegt kein Schnee. Die alten Kirsch- und Birnbäume sind nackt und zeichnen ihre harten Konturen als bloßes Gerippe in die milchig graue Nebelwand, vor der sie stehen. Ich suche nach den Quellen meiner inneren Tränen und frage mich, was mich denn so sehr bedrückt. »Es ist der Tod. Du musst Abschied nehmen, deshalb bist du traurig«, antwortet es in mir.

39 Engel

Solche Depressionsphasen dauern glücklicherweise nicht sehr lange Zeit. Wenn es mir dann endlich gelingt, die Richtung der Gedanken und Gefühle zu ändern und auf die guten Seiten auf meinem zurückgelegten Weg zu lenken, wird es wieder lichtvoller in meiner Seele. Schaue ich heute auf mein Leben zurück, staune ich, wie ich auf dem langen Weg in unzähligen ausweglosen Situationen unerklärlich wunderbare Hilfe oder gar Rettung erfuhr. Ich wurde von unsichtbaren Mächten begleitet, gewarnt und beschützt.

Ich erinnere mich, dass über meinem Kinderbett ein Bild hing. Ein Knabe, barfuß, mit dunklem Wuschelkopf, weißem Hemdchen und einer blauen Trägerhose, jagt mit ausgestreckter Hand einem Schmetterling nach. Sein Schwesterchen in rotem Kleid und mit blondem Lockenhaar pflückt am Rand eines Felsvorsprungs, unter dem sich ein schwindelerregender Abgrund öffnet, Blumen. Es ist eine Frage von Augenblicken, dass die beiden in die Tiefe stürzen. Ein Engel, in langes Gewand gekleidet, kommt aus dem dichten Gebüsch. Die Flügel weit ausgespannt, hält er seine Hände schützend über die Kleinen. Ich betrachtete das Bild oft beim Einschlafen. So sehr mir vor dem Abgrund graute, so sehr erleichterte mich das Erscheinen des Engels. Ich wusste jetzt, dass den beiden nichts geschehen konnte. Der Eindruck dieses Bildes schenkt mir bis heute die Gewissheit, dass auch mich ein Engel auf dem Weg begleitet und in Gefahren schützt.

Mir fällt jetzt die Geschichte vom Teich Betesda in Jerusalem wieder ein. Von Zeit zu Zeit stieg ein Engel vom Himmel und setzte das Wasser in Bewegung, damit Kranke geheilt werden konnten (Johannes 5). Ich denke an Elias unter dem Ginsterstrauch, den ein Engel, der vom Himmel herunterstieg, mit Brot und Wasser stärkte (1 Könige 19,1–8). Ein Engel begleitete Tobias auf seinem Weg (Tobias 5 ff). Petrus ist im Gefängnis, von vier Wächtern bewacht, als ein Engel in strahlendem Licht zu ihm tritt, seine Ketten löst und ihn befreit (Apostelgeschichte 12,1–17). Jesus sagt von den Kindern, dass ihre Engel in den Himmeln allezeit das Angesicht seines Vaters schauen (Matthäus 18,10). Und im Psalm 90 heißt es, dass Gott den Menschen seine Engel schickt, sie zu schützen auf dem Weg und sie auf den Händen zu tragen, damit sich ihr Fuß an keinem Stein stößt.

Während viele aufgeklärte Theologen in den vergangenen Jahrzehnten die Engel als Wirklichkeit aus der Bibel verbannten, holte sie die Esoterik, zwar romantisch verbrämt oder gar zu einer Art Gartenzwerge umfunktioniert, wieder aus der Mottenkiste. Heute kehren sie in ihrer biblischen Ursprünglichkeit jedoch in die Kirche und ins Bewusstsein vieler Christen zurück. Ernst zu nehmende Theologen wie der Heidelberger Theologieprofessor und Bibelwissenschaftler Klaus Berger befassen sich gründlich mit dem Thema. Er beschreibt die Engel als Gottes stille Helfer, die in seinem Auftrag handeln. Sie seien Ausdruck seiner Herrlichkeit. Sie verkünden sein Wort und behüten die Menschen. Engel wahrzunehmen, bedeute Gotteserfahrung. Er schreibt, dass wir sie uns wie Personen vorstellen können: Sie erfüllen eine Aufgabe, hören und sprechen, haben Macht und können diese einsetzen, freilich stets im Dienst dessen, dem sie zugehören. Wir können sie nicht anfassen wie den Briefträger, aber sie seien wirklich und stellen ein wichtiges Bindeglied zwischen Gott und der Welt dar. In den meisten Fällen dienen sie ihm dazu, uns zu informieren. Sie vermitteln uns die Einsicht in das, was er wirkt, und in das, was für uns wichtig ist. Sie sorgen dafür, dass uns viele Geschehnisse, welcher Art sie auch immer sind, nicht unbegreiflich bleiben. Wir erfahren sie oft gerade dort, wo wir in der Unübersichtlichkeit der Kräfte und Einflüsse, die den Alltag bestimmen oder zu bestimmen scheinen, an unsere Grenzen stoßen. Dort, wo unsere Pläne, Ordnungen und selbst erdachten Maßstäbe versagen. Berger bemerkt wörtlich: »Ich zögere nicht, zu sagen: Gottes heiliger Engel hat mich gestützt, getröstet und geführt. Er hat mich manches Mal am Reden oder Handeln gehindert oder zum Warten inspiriert ...«

Romano Guardini schreibt in seinem Buch »Engel«: »Sie stehen am Rande der dem Menschen zugewiesenen Welt. Sie kommen von Gott her zu uns, verlassen uns wieder und entschwinden in das Geheimnis des Himmels. Nach den Worten der Offenbarung sind sie herrliche und gewaltige Wesen, die unser Herz erschüttern und uns Gottes Nähe zum Bewusstsein bringen. Der Engel des Menschen ist unser Freund. Er ist da, still, gegenwärtig, unbeirrbar, uns zugewendet. Er hilft mit leiser, liebender Kraft, die Fremde zu durchdringen ... Ob dadurch nicht die Stunden der Einsamkeit einen neuen Sinn gewinnen könnten? Das Dunkel der Schwermut? Die Wand des Nicht-Verstandenseins?« Guardini, einer der wohl größten Theologen des letzten Jahrhunderts, weiß aus eigener Erfahrung, was Schwermut ist.

Christa erzählte mir soeben von einem Schrecken, den sie vor einigen Tagen anlässlich eines Besuches bei einer Freundin erlitten habe. Diese wohnt im vierten Stock einer Wohnsiedlung. Das Stiegenhaus ist eine Rundtreppe. Michael verfehlte den obersten Tritt und stürzte Kopf voran die Stiege hinunter. Seine Mutter erlebte furchtbare Momente der Verzweiflung. Der Kleine stand jedoch auf, wie wenn nichts geschehen wäre, und rannte unversehrt, lachend, in die Arme seiner Mutter.

40 Engel an meinem Weg

Mir scheint, Engel begleiteten mich schon immer auf meinem Weg durch die Zeit. Oft glaubte ich in verzweifelten Situationen oder glücklichen Zufällen – auch während meiner Arbeit, wenn sich mir zum Beispiel in einem ausweglosen Gespräch eine Bemerkung auf die Lippen drängte, von der ich nicht wusste, woher sie kam, und die nicht nur eine überraschende Wendung des Gesprächs, sondern des ganzen Lebens dieses mir in diesem Augenblick anvertrauten Menschen bewirkte – genau dann glaubte ich den leisen Flügelschlag eines Engels über mir zu spüren. In den entscheidenden Phasen auf meinem lebenslangen Wüstenweg erschienen immer Engel an meiner Seite. Sie waren nie sichtbar als geflügelte himmlische Wesen. Ich habe nur einmal als Kind einen wirklichen Engel im Traum gesehen. Er machte mir einen so starken Eindruck, dass ich ihn nie mehr vergessen konnte. Es waren unsichtbare Engel, die mir bei neuen Lebensabschnitten wegweisende Menschen zur Seite stellten oder mir in sogenannten Zufällen eine Botschaft schickten.

Am Anfang meines Lebens war meine Mutter beschützt, als sie mich als letztes Kind trotz drohender Lebensgefahr ohne Komplikationen in eine Schar lieber Geschwister hineingebären konnte. Ich fand vom einsamen Bauernhof, trotz innerer und äußerer unüberwindlich erscheinender Hindernisse, unbegreiflicherweise über Einsiedeln, Fribourg und Paris den Weg nach Innsbruck zur Psychologie und zu meinem Lehranalytiker, um schließlich in der psychiatrischen Klinik jenem Chefarzt zu begegnen, der mir die unerlässliche letzte Sicherheit für die Ausübung meines Berufes schenkte. Dass sich meine Praxis, die ich als Fremdling in Zürich eröffnete, innerhalb kurzer Zeit aus dem Nichts in ein blühendes Arbeitsfeld verwandelte, ist ein Wunder. Ebenso wie die zugefallene Begegnung mit meiner zweiten ausgezeichneten Lehranalytikerin, die mich als Schülerin C.G. Jungs in die analytische Psychologie einführte und mich supervisorisch begleitete. Ganz zu schweigen vom Zusammentreffen mit meiner Frau an einem langweiligen Sonntagnachmittag im abgelegenen Café am Vierwaldstättersee. Die Liebes- und Trauergeschichte habe ich in meinem Herder-Taschenbuch »Wenn ein Mann trauert« erzählt. Nachdem wir während vier Jahren in Zürich gewohnt hatten und zufällig einen jungen Architekten kennenlernten, den wir beauftragten, uns ein Haus zu bauen, stellten sich uns jahrelang extreme Schwierigkeiten in den Weg, die unerklärlicherweise von einem Tag auf den anderen aus dem Weg geräumt waren. Unsere beiden Kinder sind uns als kostbares Geschenk »zugefallen« und machten unser Glück vollständig. Es gibt noch viel »Zugefallenes« in meinem Leben, wovon ich noch drei für mich besonders wichtige Erfahrungen herausgreife.

Wegen massiver Schmerzen im Nacken-Schulter-Bereich suchte ich vor einigen Jahren meinen Hausarzt auf, der eine Muskelverspannung diagnostizierte, die aber trotz Therapie nicht verschwand. Während seiner Ferienabwesenheit erzählte mir eine Patientin ganz nebenbei von ihrer Freundin, die im Ärztezentrum am Hauptbahnhof von einer hervorragenden Ärztin behandelt worden sei. Am anderen Morgen war ich entschlossen, das Ärztezentrum aufzusuchen. Ein junger Arzt kontrollierte als Erstes den Puls an meiner Halsschlagader, bestellte dann gleich ein Taxi, das mich in die Notfallstation des Universitätsspitals fuhr. Kurz darauf wurde mir in einer Spezialklinik die Halsarterie aufgeschnitten und ein Pfropfen entfernt, der jederzeit einen Hirnschlag hätte auslösen können. Diese Erfahrung ist für mich deshalb erzählenswert, weil die Schmerzdiagnose des Hausarztes durch den zufälligen Hinweis auf das Ärztezentrum zur Entdeckung einer höchst akuten Lebensgefahr führte, wobei – und das ist die Überraschung der Geschichte – die verstopfte Arterie keinerlei Schmerzen verursachte. Mir fällt dabei ein

Satz Viktor Frankls ein: »In den Zufällen nisten die Wunder.«

Vor Monaten wurde ich in einen Verkehrsunfall verwickelt, nach dem ich zwar geschockt, aber absolut unversehrt aus dem Trümmerhaufen meines Mercedes aussteigen konnte.

Ich fuhr vor Kurzem mit der Straßenbahn, ganz vorn beim Wagenführer stehend, vom Zürichberg zum Bellevueplatz am See. Mir gegenüber, am anderen Ende des Wagens fiel mir ein bärtiger Bergler mit Hut und Rucksack auf. Obwohl ich ihn keineswegs kannte, lächelte er mir unverständlicherweise zu. Ich war irritiert, stieg aus und versuchte, in Gedanken versunken, das Geleise zu überqueren. Ich übersah dabei eine mit hoher Geschwindigkeit heranrollende Straßenbahn. Im letzten Augenblick packte mich jemand mit starker Hand an der Schulter und riss mich vom Geleise. Als ich mich umdrehte, stand der bärtige Mann hinter mir. Ich war in meinem Schock sprachlos. Als ich mich bedanken wollte, war er bereits nicht mehr da.

Es ist wichtig, mich der vielen guten Erfahrungen auf meinem Weg durch die Zeit zu erinnern. Sie lassen mich hoffen, dass ich auch künftig auf die Hilfe meiner Engel nicht verzichten muss.

41 Still werden

Was mir immer wichtig war, wird jetzt noch wichtiger werden. Die Stille, von der ich mich jeden Morgen einhüllen und erfüllen lasse. Die Stille, die mich zu mir selbst führt, dass ich Zwiesprache mit mir halten kann. Die Stille, die mich ahnen lässt, dass ich nicht allein, sondern von etwas Übergeordnetem gehalten und geborgen bin. Ich trete ein in den heiligen Raum in mir, wo ich ganz ich selbst und noch viel mehr als ich selbst bin. Dort begegne ich dem göttlichen Kind in mir, von dem ich früher geschrieben habe, dass es gleichbedeutend ist mit dem göttlichen Funken, sogar mit Gott, der in mir wohnt und dem ich dort begegnen kann.

Anselm Grün beschreibt diesen Raum mit schöneren Worten, als ich es zu schreiben vermag, wenn er den inneren Raum und den Weg, wie ich dorthin gelange, schildert: »Ich muss mich innerlich von allem verabschieden, was mich sonst beschäftigt, von den Menschen, um die ich kreise, von meinen Gedanken und Plänen. Ich muss ganz still werden und dann in mich hineinhorchen. In mir ist ein Geheimnis, das mich übersteigt. Wenn ich in mich hineinhorche, stoße ich nicht nur auf meine eigene Geschichte und auf meine Probleme. Unterhalb dieser Ebene ist vielmehr ein Raum der Stille, ein Ort, in dem Gott, das Geheimnis, in mir wohnt. Und dort, wo Gott, das Geheimnis, in mir ist, kann ich wahrhaft zu Hause sein. Dort ahne ich einen tiefen Frieden ... Es gibt einen Raum in mir, über den niemand Macht hat, den Raum, in dem Gott in mir wohnt.«

Als ich vor wenigen Jahren bei Doktor Böschemeyer eine Weiterbildung in Imaginationstherapie machte – ich lebte damals in einer Phase, in der ich gegenüber Spirituellem sehr skeptisch war –, ist mir in einer meiner Imaginationen ein ganz besonderes Geschehnis widerfahren. Die uns gestellte Aufgabe war, den Ort der Versöhnung aufzusuchen. Ich erinnere mich, dass ich große Mühe hatte, stille zu werden, bevor ich den Weg in meine Seele und ihre Bilderwelt finden konnte.

Endlich erschien das Bild einer weiten, endlosen Wüste. Ich war erschöpft und ausgetrocknet, als ich schließlich eine Oase erreichte, wo ich mich im Schlaf zu erholen versuchte. Ein Geräusch weckte mich, und ich sah eine Kolonne von schwer beladenen Kamelen aus der Ferne immer näher kommen. Sie waren von Beduinen begleitet. Die Kamele mit ihren Begleitern lagerten unter den Palmen und tranken schlürfend und geräuschvoll das frische Wasser. Unterdessen sah ich am Horizont die Silhouette eines Menschen, der über die Dünen von weit her immer näher kam. Ich war gespannt. Er trug wie die Beduinen einen langen Rock. Ich traute meinen Augen nicht. Es war Jesus. Er setzte sich mir gegenüber auf der anderen Seite des kleinen Sees. Es war mir unangenehm, weil ich mich in meinen Zweifeln gerade jetzt nicht mit ihm treffen wollte. Da er mich immerzu unentwegt anschaute, konnte ich ihm nicht widerstehen. Ich ging zu ihm und kniete vor ihm nieder. Er legte zuerst seine Hände auf meine Schultern. Dann umarmte er mich. Friede und Versöhnung gingen von ihm aus, bis sich schon bald seine Person in ein helles Licht auflöste. Im Hintergrund ging die goldene Sonne im roten Horizont unter, vor dem sich die dunklen Köpfe der Kamele abzeichneten.

Die unvergessliche Szene dieser Imagination mit Jesus erscheint oft in meinem inneren Raum, wenn ich ihn aufsuche. Ich versuche dann mit ihm über vieles, das mir am Herzen liegt, zu sprechen und ihn dazu zu befragen. Ich versuche, ihn so bewusst in meinem Alltag hineinzunehmen, dass er mehr als nur mein ständiger Begleiter sein kann. Bei Anselm Grün fand ich das Zitat des persischen Mystikers Dschalal ad-Din ar-Rumi aus dem 13. Jahrhundert:

Du großer Gott, mit deiner Seele hat sich die
meine vermischt, wie Wasser mit Wein.
Wer kann den Wein vom Wasser trennen,
wer dich und mich je wieder scheiden?
Du bist mein großes Ich geworden,
und nie mehr will ich sein nur ein kleines Es.
Auf ewig hast du mich bejaht,
da ich dich ewig nicht verneine ...
Gott, ich bin an deinem Mund wie eine Flöte,
gib deinen Hauch mir, dass ich töne.

Rumi

Der Weg durch die Stille zu meinem Innersten ist
nicht immer leicht. Manchmal scheue ich mich, ihn
zu gehen. Ich möchte mich aber durch nichts davon
abhalten lassen. Denn inzwischen weiß ich, dass die
Quelle der Spiritualität, deren Kraft ich im Alter so
dringend bedarf, in der Brunnenstube der Stille ent-
springt.

42 Der Weg ins Unsichtbare

Spiritualität beginnt ganz einfach, wenn ich in Stille aufmerksam lausche und auf das schaue, was in mir und um mich geschieht. Ich gehe von der Realität des Hier und Jetzt im Augenblick aus und lasse mich über die Grenzen von Zeit und Raum in eine hintergründige Wirklichkeit führen, die jenseits meines gewohnten verstandesmäßig Begreiflichen liegt. Spiritualität führt mich zu einer Wahrheit, die ich nicht kenne. Sie lehrt mich, zu sehen, was nicht sichtbar ist, und zu hören, was ich nicht höre. Sie empfiehlt, mir vorzustellen, was mir bis jetzt unvorstellbar schien, und zu finden, was ich für unauffindbar hielt. Sie führt mich näher zum Geheimnis von Geburt, Leben, Sterben und Tod. Sie begleitet mich zur abenteuerlichen Nahtstelle, wo Wissen und Glauben sich versöhnen.

In dem Maß, wie ich den spirituellen Weg suche, lerne ich das Vordergründige, Mess- und Greifbare als Ausdruck einer unbekannten, hintergründigen Wirklichkeit zu verstehen. Der spirituelle Weg führt mich zum Eigentlichen, das ich mit meinen äußeren Augen nicht sehen kann. Es ist unsichtbar. Saint Exupéry schreibt, dass wir es nur mit den inneren

Augen des Herzens sehen können. In meinem Beruf sehe ich zum Beispiel die Zustände und Vorgänge eines Menschen nicht. Ich sehe die Ursachen seiner seelischen Störung ebenso wenig wie den inneren Ablauf der Heilung. Für mich sind nur die äußeren Veränderungen in seiner Haltung, Gestik und Mimik und in seinem ganzheitlichen Verhalten sichtbar. Sie sind der Ausdruck einer unsichtbaren seelisch-geistigen Verwandlung im innersten Persönlichkeitsbereich. Manchmal macht sich das Unsichtbare in Traumbildern oder Imaginationen sichtbar, die ich nur mit den Augen des Herzens verstehen kann, wenn ich sie meditierend betrachte. Als ich im Vorgymnasium einmal in einem Aufsatz schrieb, dass ich etwas mit meinen inneren Augen gesehen hätte, war der Satz mit Rotstift durchgestrichen. Am Rand die Frage: Wo hast du denn deine inneren Augen? Der Lehrer tat mir leid, dass er nicht verstand, was ich meinte.

Dass es das Unsichtbare wirklich gibt, wurde mir neulich auf dem Bahnhof wieder klar. Ich musste umsteigen und wartete auf die nächste Fahrgelegenheit, als ein Güterzug vorbeiraste. Eine Lokomotive zog eine endlose Schlange schwer beladener Waggons in vollem Tempo hinter sich her. Ich sah den Draht, den sie mit dem Bügel berührte, und die nicht enden wollende Wagenschlange. Sonst sah ich nichts. Es war eine unsichtbare Energie, die diese ungeheure Schubkraft erzeugte. Sie war genauso wirklich wie der sichtbare Güterzug. Die ganz natürlichen spirituellen Perspektiven führen letztlich zur Anerkennung eines Göttlichen. Die Mitte der christlichen Spiritualität ist der persönliche Gott.

Nur wer die Tatsache der Existenz des Unsichtbaren, das hinter allem Sichtbaren verborgen liegt, annimmt, kann das Geheimnis des Göttlichen verstehen. Und nur dem, der die Existenz einer unsichtbaren Wirklichkeit erahnt, kann die christliche Botschaft der Auferstehung auf dem Weg zum Sterben und Tod im Alter zur großen Hoffnung werden. Der deutsche Theologieprofessor Gert Lüdemann antwortete in einem Streitgespräch auf die Frage, ob er an die Auferstehung Jesu glaube: »Wohin soll er denn auferstanden sein?« So kann nur jemand antworten, der keine Ahnung von jener anderen Welt hat, obwohl sie doch mit den Augen des Herzens wahrgenommen werden könnte. »Das Eigentliche ist unsichtbar«, schrieb Saint Exupéry in »Der kleine Prinz«, und nur selten hörbar, würde ich hinzufügen.

Ich begleitete eine krebskranke Frau durch ihre letzten Monate. Sie wohnte allein in ihrem Haus. Eines Tages erzählte sie mir verschämt, dass sie nachts immer Musik höre. Eine wunderbare Musik, von der sie nicht wisse, woher sie komme. »Haben Sie das Radio nicht abgeschaltet?«, fragte ich sie. Nein, daran könne es nicht liegen, antwortete sie fast beleidigt auf mein Unverständnis. Dann schloß sie lächelnd die Augen und wiederholte:»Eine wunderbare Musik.« Nach wenigen Tagen starb sie.

Der südamerikanische Dichter Ernesto Cardenal schreibt: »Wir sind zwar noch nicht im Festsaal der Liebe angelangt, aber wir sind eingeladen. Manchmal sehen wir schon die Lichter und manchmal hören wir schon die Musik.«

Ich will stille werden und lauschen. Vielleicht höre ich dann die Musik. Ich will stille werden und schauen, vielleicht sehe ich dann die Lichter.

*E*in Traum

Nachdem ich vor ungefähr drei Monaten das Manuskript dieses Buches, an dem ich ein Jahr lang arbeitete, fertiggestellt und dem Verlag eingereicht hatte, träumte ich einen seltsamen, befremdlichen und zugleich erschreckenden Traum. Ich wanderte mit meinem etwa vierzehnjährigen Sohn zwischen Gebüsch und Bäumen durch den benachbarten Wald. Auf einmal sah ich im grünen Moos einen Kopf aus der Erde ragen. Ich glaubte, mich zu täuschen, trat näher und erkannte in der Tat den Kopf eines Greises mit schneeweißem Haar. Ich war sicher, dass er tot war. Als ich aber näher kam, öffnete er seine Augen und schaute mich an. Sein Blick war liebevoll gütig, aber voller Angst und zugleich um Beistand und Zuneigung bittend. Ich war tief betroffen. Er antwortete nicht auf meine Frage, ob ich ihm helfen könne. Ich war hilflos. Dann schloss er die Augen. Ich entschied mich, weiterzugehen. Ich musste ihn sterben lassen. Als ich mich zu meinem Sohn umwandte, mit ihm über das unglaubliche Ereignis zu sprechen, war er nicht mehr da.

Erwacht, erschrak ich, weil mir bewusst wurde, dass ich mir selbst begegnet war. Ich war der Greis. Es ist zwar schön, dass aus meinen Augen Güte leuchtete, aber da waren auch Sehnsucht nach Hilfe und die Not der Angst vor dem einsamen Tod, den ich bald mit unzähligen Menschen teilen werde und vor dem mich niemand zu retten vermag. Am wenigsten ich selbst. Mein Sohn, Sinnbild meiner Jugend und zugleich freundschaftlicher Zweisamkeit, war nicht mehr da. Er war verschwunden. Ich war traurig.

Am Morgen zog ich mich bewegt und nachdenklich in die Stille zurück, um dem beängstigenden Widerfahrnis nachzuspüren. Beim Verlassen meines Meditationsraumes fiel mein Blick, magisch angezogen, auf ein Bild, mir unmittelbar gegenüber. Der bekannte Schweizer Maler Ferdinand Gehr, mit dem zusammen ich einmal ein Buch veröffentlichen durfte, schenkte es mir nach Annas Tod mit der Widmung: »Zur Erinnerung an unsere liebe und verehrte Frau Rey«. Ich hatte es zwar mit einem breiten glänzenden Silberrahmen geschmückt und ihm mit einem Ehrenplatz ein großes Ansehen im Haus verliehen, es aber jahrelang kaum angeschaut, obwohl es an exponierter Stelle im Wohnraum hängt. Es stellt einen Christuskopf dar. Es gefiel mir nicht. Ich verdrängte es, und zwar aus einem Grund, der mir erst jetzt bewusst wurde: Es rief mir Annas Tod immer neu in Erinnerung. Ich führte freilich andere Gründe meines Missfallens an: zu abstrakt, zu provokant in Farbgebung und Thematik; skurril, leblos und starr; nichtssagend; irgendwie sinnlos, den Kopf auf dem Hals, in eine grüne Fläche gestellt und nicht abgeholt. Wie kann man nur so was malen!

Wie hypnotisiert blieb ich heute vor dem jahrelang verschmähten Bild stehen. Schockiert durch die Erinnerung an meinen Traum. Dann gab es mir auf einmal aus der Tiefe des Unbewussten wie ein helles Licht der Erleuchtung sein Geheimnis preis: »Ein Toter wird aus dem Schoß seines Grabes neu geboren. Ein Auferstehender! Sterbend gehen wir also dem strahlenden Glanz des Ostermorgens entgegen. Sterben heißt mit Christus auferstehen.« Diese durch die moderne Bibelkritik manchmal auch in mir zur Legende geschrumpfte Tatsache wurde neu brennende Aktualität und Gehrs Bild schlagartig befreiende Offenbarung. Welch ein wunderbares Geschenk dieses Morgens nach dem schrecklichen Erlebnis der Nacht!

Heute sind drei Wochen seit diesen eindrücklichen Erfahrungen vergangen. Vor wenigen Tagen überfiel mich eine schwere Grippe, in deren Verlauf ich, als ich an den Tisch zum Frühstück ging, von einem heftigen Kreislaufzusammenbruch getroffen, bewusstlos zu Boden fiel. Erwachend fühlte ich mich unendlich elend. Dem Tod nahe. Einsam und hilflos. Während ich im Notfallwagen ins Krankenhaus gefahren wurde, sah ich wie in einer Vision mein Traumgesicht jener Nacht, hinter ihm jedoch das Bild Ferdinand Gehrs, in dem Christus auferstehend aus der Frühlingserde wächst. – Wer es fassen kann, der fasse es.

Zürich, im März 2009
Karl Guido Rey

Dank

Ich möchte Herrn Nonhoff vom Kösel-Verlag herzlich danken, dass er mich beim Werden dieses Buches mit so viel Geduld und Ermutigung begleitete. Ich danke Schwester Liliane Juchli für die fruchtbaren Gespräche und herausfordernden Anstöße während dieser für mich nicht einfachen Zeit. Ich bin Frau Judith Koch für ihre Korrekturen und inspirierenden Hinweise ebenso dankbar wie Frau Lilian Dal Toè dafür, dass sie mich nach der kritischen Lektüre meines Manuskriptes mit ihrem Urteil von manchen Zweifeln erlöste. Frau Barbara Hollenstein, eine Kollegin, die ich zu einem Vortrag mit anschließender Lesung aus meinem Manuskript eingeladen hatte, schenkte mir danach ein Gedicht, das mich tief berührte. Herzlichen Dank!

Literatur

Abeln Reinhard und Kner Anton, Such dir einen Einsamen, Vier-Türme-Verlag, Münsterschwarzach 1988

Albom Mitch, Dienstags bei Morrie, Goldmann, München 2002

Berger Klaus, Engel – Gottes stille Helfer. Himmlischer Beistand im Alltag, Herder, Freiburg 2006

Berger Klaus, Jesus, Pattloch, München 2007

Bösch Jakob, Spirituelles Heilen und Schulmedizin, AT Verlag, München 2006

Böschemeyer Uwe, Wertorientierte Imagination, Theorie und Praxis, Libri Books on Demand, Hamburg 2000

Böschemeyer Uwe, Unsere Tiefe ist hell. Wertimagination – ein Schlüssel zur inneren Welt, Kösel-Verlag, München 2005

Böschemeyer Uwe, Gottesleuchten. Begegnungen mit dem unbewussten Gott in unserer Seele, Kösel-Verlag, München 2007

Ewald Günter, Ich war tot. Ein Naturwissenschaftler untersucht Nahtod-Erfahrungen, Pattloch, München 2008

Foster Charles, Die Akte Jesus. Ein Jurist ermittelt in Sachen Auferstehung, Pattloch, München 2008

Frankl Viktor, Der unbewusste Gott, Deutscher Taschenbuch Verlag, München 2002

Greshake Gisbert, Die Wüste bestehen. Erlebnisse und geistliche Erfahrung, Herder, Freiburg 1981

Grün Anselm, Der innere Raum, Weltbild-Verlag, Augsburg 2007

Guardini Romano, Engel, Topos, Mainz 1995

Guardini Romano, Vom Sinn der Schwermut. Ein Buch der Arche, Stiansky, Wien 1951

Lüdemann Gert, Der große Betrug, Zu Klampen, Lüneburg 1998

Lüdemann Gert und Wischnath Rolf, Streit um die Auferstehung, Wichern-Verlag, Berlin 1998

Rey Karl Guido und Hess Edith, Die Reise ist noch nicht zu Ende, Kösel-Verlag, München 2004

Rey Karl Guido, Wenn ein Mann trauert. Der Weg der Liebe durch Abschied und Tod, Herder, Freiburg 2007

Rey Karl Guido, Das Mutterbild des Priesters, Benziger-Verlag, Zürich 1969

Spaemann Heinrich, Orientierung am Kind, Johannes-Verlag, Einsiedeln 1967

Stauber Franz, Gebete aus der Tiefe, Verlag Bischöfliches Ordinariat, Solothurn 2005

Terzani Tiziano, Das Ende ist mein Anfang, aus dem

Italienischen übersetzt von Christiane Rhein,
Deutsche Verlagsanstalt, München 2007

Tiede Carsten Peter versus Lüdemann Gert, Die
Auferstehung Jesu – Fiktion oder Wirklichkeit?
Ein Streitgespräch, Brunnen-Verlag, Basel und
Gießen 2000

Tiede Carsten Peter, Der Jesuspapyrus. Die Entdeckung einer Evangelien-Handschrift aus der Zeit
der Augenzeugen, Luchterhand, München 1999